SOBRE SENTIMENTOS
E A SOMBRA

Dados Internacionais de Catalogação na Publicação (CIP)
(Câmara Brasileira do Livro, SP, Brasil)

Jung, C.G., 1875-1961
    Sobre sentimentos e a sombra : sessões de perguntas de Winterthur / C.G. Jung ; tradução de Lorena Richter. 2. ed. – Petrópolis, RJ : Vozes, 2015.

    Título original : Über Gefühle und den Schatten – Winterthurer Fragestunden
    Bibliografia.

    11ª reimpressão, 2024.

    ISBN 978-85-326-4855-6
    1. Psicanálise 2. Teoria junguiana I. Título.

14-08447   CDD-150.1954

Índices para catálogo sistemático:
    1. Psicologia junguiana   150.1954

C.G. JUNG

SOBRE SENTIMENTOS E A SOMBRA

Sessões de perguntas de Winterthur

Tradução de Lorena Richter

Petrópolis

© 1999 Walter Verlag, Zürich/Düsseldorf
© 2007 Foundation of the Works of C.G. Jung, Zürich

Tradução do original em alemão intitulado
Über Gefühle und den Schatten – Winterthurer Fragestunden

Direitos de publicação em língua portuguesa:
2014, Editora Vozes Ltda.
Rua Frei Luís, 100
25689-900 Petrópolis, RJ
www.vozes.com.br
Brasil

Todos os direitos reservados. Nenhuma parte desta obra poderá ser reproduzida ou transmitida por qualquer forma e/ou quaisquer meios (eletrônico ou mecânico, incluindo fotocópia e gravação) ou arquivada em qualquer sistema ou banco de dados sem permissão escrita da editora.

CONSELHO EDITORIAL	PRODUÇÃO EDITORIAL
Diretor Volney J. Berkenbrock	Aline L.R. de Barros Jailson Scota Marcelo Telles
Editores Aline dos Santos Carneiro Edrian Josué Pasini Marilac Loraine Oleniki Welder Lancieri Marchini	Mirela de Oliveira Natália França Otaviano Cunha Priscilla A.F. Alves Rafael de Oliveira Samuel Rezende
Conselheiros Elói Dionísio Piva Francisco Morás Gilberto Gonçalves Garcia Ludovico Garmus Teobaldo Heidemann	Vanessa Luz Verônica M. Guedes
Secretário executivo Leonardo A.R.T. dos Santos	

Editoração: Maria da Conceição B. de Sousa
Diagramação: Sheilandre Desenv. Gráfico
Capa: Sandra Bretz
Ilustração de capa: Direitos reservados
Revisão da tradução: Gentil A. Titton

ISBN 978-85-326-4855-6 (Brasil)
ISBN 3-530-40063-7 (Suíça)

Este livro foi composto e impresso pela Editora Vozes Ltda.

Sumário

Prefácio, 7

Parte I. Sessão de perguntas de 27 de junho de 1959, 9

    Sobre os sentimentos, 9

    Sobre a redenção, 26

    Sobre novos símbolos, 32

    Sobre projeções, 38

Parte II. Sessão de perguntas de 29 de maio de 1957 (Fragmento), 49

    Sobre a sombra, 49

    Sobre conhecimentos psicológicos, 70

Prefácio

Em outubro de 1955, C.G. Jung visitou pela primeira vez Sabi e Ignaz Tauber-Scheitlin em Winterthur e no círculo da família cada um de nós, dos cinco filhos, pôde fazer uma pergunta pessoal a Jung. Quando em 26 de maio de 1956 ele retornou para uma nova visita, o círculo de pessoas que desejavam fazer perguntas cresceu através da presença de três casais amigos. Em sua terceira visita em 29 de maio de 1957 juntaram-se ao grupo mais dez conhecidos e familiares e alguém gravou as respostas de Jung em fita magnética; infelizmente de modo incompleto. Em sua quarta visita em 27 de junho de 1959 eu estava em posse de um gravador e pude, com o explícito consentimento de Jung, gravar diversas perguntas e respostas. Em 3 de março de 1961, o estado de saúde de Jung já não permitia mais a sua ida a Winterthur e, sendo assim, a última sessão de perguntas ocorreu em sua casa em Küsnacht – sem a presença de um gravador.

Quando os seus anfitriões o buscavam em Küsnacht ou Bollingen, sempre se apresentava a Jung uma primeira pergunta no carro. Diversas outras perguntas surgiam ao longo da noite, de acordo com o momento.

Por razões técnicas, os três CDs começam com a gravação completa, com duração de duas horas, de 1959 sobre os sentimentos; segue – no final do CD2 e ao longo de todo CD3 – aquela uma hora e meia em fragmentos já gravada em 1957 sobre a sombra e o mal. Intencionalmente, com intuito de manter o caráter documentário do registro, passagens mais longas não foram encurtadas. Os únicos cortes ocorreram em relação às pausas.

Agradeço a Zita Tauber, Hannelore Isler e especialmente a Irene Gerber a transcrição das gravações e transposição da linguagem coloquial para a linguagem escrita. Nem sempre foi fácil preservar a ambiência da língua falada e criar, mesmo assim, um texto legível. Tentamos através de notas de rodapé estabelecer algumas relações com as obras completas. Além disso, devo os meus agradecimentos a Gotthilf Isler e Marianne Schiess; a sua coordenação possibilitou um trabalho em equipe frutífero.

Zurique, 9 de novembro de 1998
Christian Tauber-Biasion

PARTE I

Sessão de perguntas de 27 de junho de 1959

Sobre os sentimentos

Ignaz Tauber: Senhor professor Jung, estamos contentes e lhe agradecemos por ter-nos visitado outra vez. Já nos deveríamos ter tornado sábios através de seus livros, mas o próprio Goethe já dizia: "Aquilo que não sentes não deves pleitear"[1]. E hoje, que o senhor está aqui, justamente isso é possível para nós, de modo que possamos, através desse encontro pessoal, compreender as coisas também um pouco em termos sentimentais. Por isso, o lema da tarde de hoje é o seguinte – citarei Don Carlos:

> [..] Diga-lhe
> que deve respeitar os sonhos de sua juventude
> quando um homem será,
> que não abra o seu coração, essa flor terna e divina,
> ao inseto mortífero da razão, que se jacta de acerto,
> que não se deixe desviar

---

1. GOETHE, J.W. *Fausto* I. São Paulo: Círculo do Livro, [s.d.] [Trad. de Sílvio Meira] [N.T.].

quando a sabedoria mundana do entusiasmo,
a filha dos céus, blasfemar[2].

E agora gostaria de lhe fazer a minha pergunta: Na sua vida, em vivências, acontecimentos ou sonhos, o senhor sente algo no sentido do lema acima? E através disso tudo, o senhor se sente conduzido em direção ao além – como ser humano e não como cientista?

C.G. Jung: Esta é uma pergunta direcionada a mim. Poder-se-ia falar muito sobre ela, pois a grande infelicidade de nossa cultura é o fato de sermos estranhamente incapazes de perceber os nossos próprios sentimentos, quer dizer, sentir as coisas que nos dizem respeito. Vemos com tanta frequência pessoas passarem por cima de acontecimentos ou experiências sem perceberem o que de fato ocorreu com elas. Pois não percebem que têm uma reação de sentimento[3]. Na maior parte das vezes sentem apenas o que chamamos de afeto, uma emoção acompanhada de sintomas fisiológicos colaterais. Quer dizer: uma atividade cardíaca aumentada, uma respiração acelerada, fenômenos motores – é isso que sentem. Mas quando se trata de uma reação de sentimento, muitas vezes nem o percebem, pois a reação de sentimento não vem acompanhada de fenômenos psicofísicos. Em minhas experiências de associação vi diversas vezes que alguém tinha um sentimento junto a uma reação; quando, porém, o conectáva-

---

2. SCHILLER, F. *Don Carlos,* 4. ato, 21ª cena, versos 4.289-4.296.

3. Optamos por criar a expressão "reação de sentimento" para traduzir a palavra alemã *Gefühlsreaktion*. Na língua portuguesa não há termo equivalente. Por Jung, logo em seguida, diferenciar claramente entre Gefühl (sentimento) e Emotion (emoção), não é possível usarmos a expressão reação emocional. Da mesma forma, optamos por não usar o termo reação sentimental por remeter diretamente à ideia de sentimentalismo [N.T.].

mos a um circuito elétrico e investigávamos o assim chamado fenômeno psicogalvânico, eventualmente não observávamos uma oscilação significativa ou então oscilação alguma. Na época eu fazia experiências com o meu antigo chefe, o velho professor Bleuler[4]. Estávamos investigando especificamente a questão de que maneira sentimentos se diferenciam de afetos. Quando dizia algo a ele, quando trazia à tona alguma pergunta durante o experimento – também é possível fazer perguntas, não é preciso limitar-se apenas à palavra de associação ou de estímulo ou à palavra de resposta –, quando então trazia à tona alguma coisa que nos era familiar enquanto assunto aborrecedor, ele tinha uma reação nítida. A oscilação psicogalvânica era positiva, uma carga elétrica maior atravessava o corpo. Naquele dia descobri apenas por coincidência algo que aconteceu com Bleuler, um assunto aborrecedor no sanatório e eu sabia que ele estava convicto de que ninguém estava a par disso. Fiz então uma insinuação em relação ao caso, através da qual Bleuler poderia claramente perceber que eu sabia algo a respeito. Mas, por estar tão convicto de que eu não sabia de nada, de que seria impossível eu saber qualquer coisa sobre isso, ele não teve uma oscilação, apenas uma reação mínima. Mas em seguida falei do assunto de uma forma que ele percebeu que eu estava ciente do que lhe havia acontecido – e então teve uma oscilação colossal! Isso significa: Quando ele está sozinho, consigo mesmo, não sabe o que de fato a coisa representa para ele ou o quanto o atinge. Quando, porém, percebe que um outro está a par, é acometido pelo afeto em questão. Enquanto estamos sozinhos conosco mesmos, podemos sabe Deus que camelos

---

4. Cf. JUNG, C.G. *Fundamentos da Psicologia Analítica* (Tavistock Lectures), OC 18/1, § 49 e OC 2, passim.

engolir[5], e isso não nos afeta de modo mais significativo. Enquanto supomos que ninguém sabe a respeito de algo, somos pouco capazes de avaliar o que o assunto realmente representa para nós. Por isso sempre aconselho as pessoas a falarem sobre as suas questões. Pois assim percebem que valor de fato as coisas têm para elas.

Eu, por exemplo, sempre fiz isso em relação à minha atividade científica. Nessa atividade surge todo tipo de ideias das quais nunca sabemos de fato o seu valor. E assim é sempre vantajoso falar com alguém; e – preciso admitir – nesse caso o sexo feminino é de fato excelente. Quando dizemos algo às mulheres e elas têm uma emoção descontrolada frente a isso, então sabemos o seu valor, nós mesmos tomamos consciência. Em casos assim não é tão vantajoso falar com homens, pois num caso desses o homem, na maior parte das vezes, fracassa em alguma medida. E, quem sabe, por essa razão: "Diabos, agora ele sabe e eu não sabia. Sendo assim, não manifestamos nada". – Uma reação falsa, não é? Ou então o homem pensa: "Como eu sinto isso?" – Não, nesses casos não falamos nada, não reagimos. Pois somos atingidos em algum lugar. Por isso, quando se trata de uma quantidade maior de ideias não suficientemente avaliadas, a conversa com mulheres é algo muito especial. Mulheres, por exemplo estudantes, me mostraram reações em relação às quais percebi: Ah, isso se "encaixa", é correto, agora sei qual o valor disso; justamente porque a reação do outro – quer dizer, uma reação bem neutra – possibilita tomarmos consciência de nosso próprio sentimento. Costumo

---

5. Trata-se aqui de uma expressão idiomática de origem bíblica "Guias cegos! Filtrais um mosquito e engolis um camelo" (Mateus 23,24), que significa dar muita importância a assuntos irrelevantes e desconsiderar o que de fato importa [N.T.].

chamar isso de "efeito precipitado da conversa feminina". Isso de fato é algo peculiar. Eu encaminhava, por exemplo, muitas vezes pacientes que deveriam ter percebido algo [específico] a uma mulher e dizia: "Agora conte essa história a ela" e então, de repente, eles o sentiam.

Consigo me recordar vivamente de um caso: Tratava-se de um filósofo, de um filósofo alemão que apresentava sempre uma superioridade intelectual. Contava-me todo tipo de histórias, e eu percebia claramente: ele mal sabe o que vivenciou ou o que aconteceu com ele. E então eu lhe disse: "Agora vá até a senhora tal". No dia seguinte, à noite, a senhora em questão me telefonou e disse: "Mas que homem foi esse que o senhor me encaminhou? O que há com ele? Ele está quase louco". Perguntei: "Mas o que foi que aconteceu?" – "Ele começou a me contar algo e foi acometido por tal emoção que começou a rolar no chão. Ele é louco?" Respondi: "Não, não, é um filósofo alemão, não é louco". Com essa mulher, ele simplesmente percebeu pela primeira vez que no fundo tem uma enorme emoção em relação a certas coisas, fato que escondeu de mim – tempos depois eu o revi –, pois não podia ocupar uma posição inferior na presença de um homem. Simplesmente não podia ser inferior a mim! Mas, no caso de uma mulher, isso não o aborrecia. Por isso, os homens muitas vezes se apresentam para as mulheres através de sua pior faceta. Isso ocorre com frequência.

Menciono essas coisas apenas para mostrar o quanto é difícil ter as sensações[6] corretas e o quanto, por si só, é necessá-

---

6. Na linguagem falada, principalmente na coloquial, são misturados conceitos que Jung normalmente diferencia claramente. Cf. JUNG, C.G. *Tipos Psicológicos*, OC 6, principalmente os capítulos X: Descrição geral dos Tipos, e XI: Definições.

rio apreender e perceber os sentimentos corretos e o quanto isso não é possível quando estamos sozinhos. Quando prendemos alguém no cume do Mont Blanc, ele será incapaz de tomar consciência de qualquer coisa, pois o nevado e as nuvens e o vento não lhe dizem o que ele é. Ele sabe apenas que não é nuvem, nem vento, nem neve. Mas, quando está com outra pessoa junto dele, pode ter consciência do estado em que ele se encontra e de estado em que o outro se encontra.

E desse modo é necessário que as nossas vivências passem primeiramente por um real processo vivencial. Podemos ter qualquer tipo de vivência; mas, se passarmos por ela sozinhos, então é como se não tivéssemos de fato nos dado conta. É preciso que a dividamos com alguém, assim teremos a possibilidade de tomar consciência de forma plena. E somente então somos capazes de perceber o que certas vivências significam para nós em termos de sentimentos. Muitas vezes percebemos que, quando esses sentimentos não se tornam conscientes, coisas em nós estagnam podendo desdobrar-se a partir dos mais estranhos efeitos totalmente incompreensíveis para nós.

Recordo-me de uma inglesa: Ela também era médica – somente para demonstrar que isso não acontece somente com homens, pode igualmente ocorrer com mulheres. Era solteira, teve diversas vezes a possibilidade de se casar, acabou, porém, deixando isso de lado por causa dos estudos universitários, do consultório e assim por diante, sem tomar consciência do que realmente precisaria ter feito, ter percebido. Isso chamou a minha atenção e um dia disse a ela: "A senhora se comporta tal como uma mulher amada, quer dizer, uma mulher que tem certeza de que está sendo amada por um homem". Ela ficou muito surpresa e não compreendeu nada. Então eu disse: "Não há a possibilidade de que um dia a senhora tenha esbarrado com um homem que a senhora de fato amasse ou do qual tivesse certeza que também ele a amasse?" Primeiro ela não quis saber de nada disso, mas em seguida tornou-se claro que isso provavelmente havia acontecido quando ela tinha vinte anos. Mas devido ao fato de isso de alguma forma chocar-se com os seus estudos, ignorou a situação e também não desejava olhar para isso. Simplesmente não tinha consciência do que ela abandonou. A partir desse momento estava bloqueada, tal como se ela tivesse se tornado um tabu. Nenhum homem conseguia mais se aproximar dela, pois ela deveria de fato ter-se casado com a pessoa em questão. Quando se deu conta disso ficou muito surpresa. Na época já tinha 45 anos. Posteriormente soube que esse homem era viúvo e que ela o procurou novamente. Casar-se, entretanto, já não era mais possível, somente chegaram perto.

Agora, se eu me volto para mim – a sua pergunta, se já experimentei algo nesse sentido, me compele a fazê-lo – naturalmente preciso dizer: Sim, também fui jovem um dia e muitas coisas eu não percebia. Durante a minha própria vida precisei igualmente aprender o que são sentimentos e o tamanho de sua importância.

Por exemplo, somente bem mais tarde percebi o que de fato era aquilo que havia sonhado trinta ou quarenta anos antes. Consigo defini-lo de modo bem exato em termos históricos: Em torno dos 36 anos conscientizei-me pela primeira vez do que havia feito quando era menino, mais ou menos aos nove anos. Pois naquela época, aos 36 anos, li um relato sobre achados pré-históricos no [Burgäschisee][7]. Tratava-se

---

7. Cf. JUNG, C.G. *As visões de Zósimo*, OC 13, § 129.

dos assim chamados pântanos ou lodaçais. Colocavam-se simplesmente algumas camadas de troncos de árvores e erguiam-se casebres em cima. Diante de um casebre encontraram uma composição de pedras. Cada uma das pedras – isto é, pedras não muito grandes, talvez do tamanho de um punho – estava envolvida por uma casca de bétula, pelo floema da bétula e as pedras estavam ordenadas de forma regular. É um *cache* [esconderijo] de pedras da alma. O que isso significa sabemos dos primitivos da Austrália central ainda vivos hoje em dia. Estes possuem as assim chamadas pedras da alma, denominadas de Churingas – elas podem ser igualmente de madeira – que recebem durante a consagração dos homens. Em seguida, eles as afundam em fendas rochosas, árvores ocas ou em nascentes, e de tempos em tempos as visitam, mais especificamente em condições interessantes: Quando um homem tem o sentimento de – conforme dizemos no linguajar profissional – estar perdendo a sua libido, quer dizer, quando a sua vitalidade diminui, quando não tem mais interesses, quando não está mais "nem aí", quando se encontra deprimido ou entediado, então o primitivo sabe que está na hora de ir ao encontro dos Churingas. Assim vai até à nascente, ou seja qual for o *cache*, e desencavava os Churingas. Na maior parte das vezes são placas de pedra ou de madeira chatas. Ele as coloca sobre os seus joelhos e começa a esfregá-las. Esfrega-as durante um tempo longo e desse modo a vitalidade nociva, a vitalidade que se tornou nociva, penetra essa pedra e a vitalidade boa que se encontra na pedra – está guardada na pedra que é um tipo de acumulador psíquico – passa para ele. Dessa forma, ele volta a se sentir bem e a pedra é novamente afundada no esconderijo.

Sendo assim os nossos antepassados também possuíam composições de pedras, com essas preciosas pedras Churinga.

Um *cache* inteiro foi encontrado em Arlesheim, nas tais cavernas embaixo do castelo. Eram pintadas de um lado. Podemos ver que eram objetos de um culto.

Quando menino, eu possuía, naturalmente sem saber o que isso significava, um estojo de penas para caligrafia. Primeiramente talhei na parte superior de uma régua um homenzinho com uma cartola e o pintei de preto com tinta, serrei-o e o coloquei em meu estojo. Fiz uma pequena cama para ele e também um pequeno casaco. Em seguida procurei por pedras chatas na beira do Reno, pintei-as com aquarela e agora elas faziam parte desse homenzinho. Igualmente as coloquei lá dentro. Então fechei essa coisa e subi ao nosso sótão de dois andares. Era uma velha residência paroquial, o lugar onde tínhamos um sótão de dois andares. Mas era estritamente proibido subir para o segundo pavimento, pois este estava prestes a desmoronar. Mesmo assim subi, escalei uma das enormes vigas e lá em cima escondi essa caixa. Este era o meu segredo e ninguém sabia a respeito. Ia até lá somente quando tinha certeza de que ninguém estava me observando. Isso simplesmente fazia parte. Assim sendo, de tempos em tempos eu subia e cada vez escrevia algo em um pequeno pedaço de papel. O quê, já não sei mais. É algo que não consigo resgatar. Mas escrevia alguma coisa, fazia um rolinho e o levava para o pequeno homenzinho para que tivesse algo para ler. Era a sua biblioteca. Era sempre uma satisfação especial o fato de eu possuir um homenzinho desses que pertencia somente a mim e essas pedras sobre as quais eu não sabia coisa alguma. Foi assim até os meus onze anos de idade, depois esqueci isso completamente. Durante todos os anos seguintes não sabia mais nada a respeito. E então, com trinta e seis anos, li a respeito desse achado que mencionei e neste momento tomei novamente consciência de toda essa história[8].

Naturalmente isso constitui toda uma mitologia. Quando menino, eu não fazia ideia dessas coisas. Fabriquei esta "kista"[9] com deuses velados, esses cabiros[10], com este *cache* de pedras da alma e um culto para elas. Isso nasceu de mim sem nenhuma provocação externa, de forma bem natural, assim como uma brincadeira. Era uma história muito complexa que simplesmente submergiu no passado. Naturalmente me interessa em que condições essa memória se perdeu por inteiro. Pois é possível que esta caixa ainda esteja lá. Nunca mais me lembrei disso. Não consigo me recordar absolutamente de um dia a ter tirado de lá. Para mim isso era um *lieu de pèlerinage* [local de peregrinação] e um enorme tabu. Era um grande segredo. Por que, também não sei dizer. Isso foi esquecido, pois aos onze anos de idade tive uma experiência estranha: Eu estava a caminho da escola, da escola secundária de Basileia. Sempre caminhava ao longo do Reno para Basileia. Estava sozinho e – de repente eu *era*![11] De repente tive a sensação: "Agora eu sou!" E em seguida tive a sensação: "Mas por que aí?", como

---

8. Cf. igualmente JUNG, C.G. *Erinnerungen, Träume, Gedanken* [Memórias, Sonhos e Reflexões]; compilado e editado por Aniela Jaffé. Zurique/Stuttgart, 1962 [Edição brasileira, Rio de Janeiro: Nova Fronteira, 1996, p. 32-35].

9. Palavra sueca para *Kiste* – caixa em alemão [N.T.].

10. Cf. igualmente JUNG, C.G. *Símbolos da transformação*, OC 5, § 180-184, fig. 27, 29, 30.

11. Ao relatar essa experiência, Jung usa a expressão alemã *Dasein* – onde *da* significa *aí* e *sein* significa *ser ou estar*. Trata-se de uma expressão de forte conotação filosófica e traduzida de diversas formas para o português: ser-aí, existência, presença etc. Neste caso, Jung se refere ao momento em que toma plena consciência de si mesmo, em que simplesmente é. Por se tratar de um texto de cunho menos formal, um material falado e posteriormente transcrito, Jung não faz nenhuma menção a uma fonte filosófica específica. Devido ao fato de o autor dar ênfase especial ao advérbio *aí* decidimo-nos pela tradução *ser-aí* [N.T.].

se nesse instante tivesse emergido de uma névoa. Indaguei: "Mas o que havia ali?" Tive imensas dificuldades para tomar consciência disso. Mas tive a sensação de que nessa névoa havia todo tipo de objetos: pais e mães e animais e trens e ruas e carroças e outras pessoas e eu. E tudo isso era mais ou menos a mesma coisa. Eram simplesmente coisas que se moviam ou ficavam paradas, que simplesmente estavam aí dentro sem que estivessem relacionadas umas às outras. – Mas agora eu era! E agora sabia que eu sou, que sou um ser humano e que posso dizer: "Isso é um carro e não simplesmente mais um objeto, e sim, um objeto que possui rodas, e eu tenho pernas"[12].

Não sei se consigo fazer os senhores compreenderem do que se trata. Foi simplesmente a percepção de uma consciência do eu. Agora eu tinha uma consciência do eu. Antes era a consciência infantil de objetos que estavam localizados num lugar qualquer ou se locomoviam para lugares quaisquer, assim como eu. Não havia uma diferenciação em relação ao valor, ainda não era capaz de me tornar consciente de um sentimento a respeito de valores. Naquela época percebi pela primeira vez que *eu* sou, mas nesse momento toda história pregressa havia desaparecido. Daí em diante não havia mais nada, toda a magia dessa caixa havia desaparecido. Naturalmente tratava-se aqui de uma questão muitíssimo arcaica. Evidentemente isso também foi condicionado pela minha educação, pois desde cedo enxergava as verdades comumente propagadas de modo um pouco crítico. Naquela época, pelo visto, iniciou-se um desenvolvimento desse tipo.

Através da tomada de consciência somos empurrados para dentro de um mundo da consciência ou então entramos em

---

12. Cf. igualmente JUNG, C.G. *Memórias, Sonhos e Reflexões*, p. 42.

um mundo da consciência onde perdemos os valores de sentimento originais. Não os conhecemos mais. Essa história com o homem pequenino foi para mim uma questão altamente emocional. E com ela toda uma parte do meu ser simplesmente submergiu. Posteriormente, entretanto, adquiriu importância maior – quando percebi o que experiências arquetípicas dessa espécie de fato significam.

Quando investigamos as anamneses das pessoas com mais precisão, podemos, com frequência, ouvir coisas estranhas desse tipo. A partir delas podemos concluir quantos valores do sentimento foram perdidos durante o processo de conscientização. O processo de conscientização é um processo cultural e através do processo cultural somos fortemente separados de um mundo originalmente repleto de sentido e sentimento. É uma perda positiva quando não possuímos mais isso. Pois então não somos mais capazes de avaliar de modo correto algo análogo, com que somos confrontados novamente. Essa perda me fez escolher – de fato foi este o papel que exerceu em minha vida – exclusivamente o intelecto. Foi esta a minha "force" [força]. Desenvolvi-me de modo unilateral nessa direção, isto é, na direção científica, o que naturalmente foi vantajoso para mim. Em termos humanos, entretanto, foi uma desvantagem. Custou-me a perda da minha humanidade. Pois a humanidade consiste nessas coisas. Apresento-lhes isso somente como um exemplo de como essas coisas se dão. Os senhores podem imaginar vivamente que, na vida de uma mulher como essa inglesa da qual lhes falei, o fato de essa questão ter desaparecido assim sem mais nem menos foi uma perda enorme. A partir desse momento ela era noiva, quer dizer, era simplesmente a vida inteira a noiva de um homem desconhecido e invisível, e jogou fora por inteiro essa parte de sua vida.

O mesmo aconteceu comigo. Esse desenvolvimento unilateral foi inevitável pelo fato de eu, conforme percebi posteriormente, não ter sido capaz na época de realizar a conscientização originária desses valores de sentimento, desses valores peculiares e arcaicos.

Mais tarde, quando experimentei algo semelhante, eu disse: "Dez mil anos atrás se fazia – ou os negros na África fazem coisas desse tipo. Isso não é nada, não prova nada, não acrescenta nada, são inutilidades antigas". Quando avaliamos a nossa própria experiência desse modo – mesmo sem lembrar-se desta –, afastamo-la ainda mais de nós mesmos. Através do continuo desenvolvimento científico, experiências desse tipo são justamente afastadas mais ainda. – Mais tarde naturalmente foi necessário um grande esforço para desenterrar novamente essa continuidade.

Por exemplo, tive um sonho aos três anos. Posso comprová-lo, não é uma fantasia minha. Foi um sonho que compreendi somente com mais de sessenta anos, pois todo esse mundo de vivências havia simplesmente desaparecido através da unilateralidade do desenvolvimento, sem deixar rastros. – É igualmente difícil falar dessas coisas, pois todos nós nos encontramos nessa situação: Temos experiências primordiais não conscientizadas. E essas simplesmente fazem parte da totalidade da personalidade.

Muitas dessas coisas, porém, ressurgem em nossos sonhos, onde frequentemente não as reconhecemos, a não ser que sejamos quase que orientados e treinados para reconstruirmos o contexto dos conteúdos oníricos. Quando somos capazes disso, podemos igualmente reencontrar essas relações primordiais. Mas disso pouquíssimas pessoas são capazes e consequentemente também não conseguem reconhecer aquilo que é original. Mas é algo que fazia parte da totalidade da personalidade.

Gostaria de repetir a pergunta de Senhor Tauber de outro modo, quer dizer: É possível perceber ou ver que as circunstâncias internas ou as tomadas de consciência tendem para um objetivo determinado? – Nesse caso devo dizer: Não o percebemos durante um longo tempo. Somente quando adquirimos uma grande quantidade de experiências internas podemos ver qual de fato é a finalidade disso tudo. E mesmo assim não temos certeza, pois essas coisas possuem igualmente um aspecto duplo. Aquilo que de certa maneira procede daqueles tempos primordiais possui um poder que impulsiona para frente e ao mesmo tempo puxa para trás. Podemos nos recolher nesse sentido[13]. É o caso, por exemplo, de doentes mentais. De certo modo, eles se recolhem em suas experiências primordiais, são puxados para trás. Inclusive fazem disso um trunfo, como se fosse um grande êxito. Inventam, por exemplo, uma linguagem especial, têm esses neologismos, expressam-se de uma forma metonímica como, por exemplo, Heidegger – quer dizer, outra vez um filósofo alemão – e não percebem que se recolhem em "palavras de poder", nas palavras mágicas dos homens primitivos[14]. E assim as coisas se perdem na vida real. Enquanto que outra pessoa se sente justamente impulsionada para frente em função disso e incumbida a traduzir tais coisas para a vida real. Por isso, posso responder a essa questão somente limitadamente de forma afirmativa. Depende de cada pessoa, de ela perceber ou não do que se trata. De fazer o es-

---

13. Aqui e adiante Jung usa a palavra *zurückziehen* em suas duas acepções. Tanto no sentido de "puxar para trás" como no de "recolher-se", quer dizer, de deixar o lugar onde se está para abrigar-se num lugar privado [N.T.].

14. Cf. igualmente JUNG, C.G. *Paracelso, um fenômeno espiritual*, OC 13, § 155.

forço de enxergar tais coisas de modo objetivo ou de se entregar à sua impressão e esta a puxa para trás. Pois a sua impressão pode prejudicá-la tanto quanto. Na maior parte das vezes as pessoas não percebem isso.

No trabalho prático por vezes é bastante árduo fazer as pessoas enxergarem o significado objetivo disso. Justamente por isso sou tão crítico em relação aos teólogos, pois eles pregam em uma linguagem arcaica, que poderia ser igualmente sonhada, sem insistir que as pessoas *entendam* o que de fato isso significa: "Através do sangue de nosso Senhor Jesus Cristo somos redimidos de nossos pecados". O que significa isso? Esta é uma frase que podemos ouvir todos os domingos. Sim, mas o que isso significa de verdade? O que, pelo amor de Deus, significa isso? *Ninguém* poderia dizê-lo, pois, por via de regra, não se reflete sobre. E isso causa a danação do homem. Pois estas são ideias que deveriam nos levar adiante. Na realidade, porém, simplesmente voltamos ao passado. Através disso somos tornados inconscientes outra vez. Por não sabermos o que essas palavras significam e por nos entregarmos à impressão gerada pelo sentimento. "O sangue de nosso Senhor Jesus Cristo" – isso soa tão solene e dominical e religioso, magnificamente religioso. Acreditamos, então, que de alguma forma nos encontramos regenerados e em algum estado especialmente magnífico quando podemos dizer, cantar ou rezar algo assim – e mesmo assim não sabemos do que se trata.

Na minha época, por exemplo, observei certos ritos entre os Elgonyi, meus protetores negros no Quênia. Perguntei a eles: "O que os senhores querem dizer com isso? Por que o fazem?" Eles não sabiam. Então perguntei: "Alguém sabe o que estão fazendo?" Então disseram para mim: "O "medicine-man" [curandeiro] sabe, o N'ganga". Fui até o N'ganga e perguntei para ele. Ele disse: "Meu pai ainda sabia, mas eu não sei". Ele também não sabia, mas o seu pai, ou, em última instância, o avô, ainda o sabia. Porém, não podemos ir mais adiante, pois antes do avô vem Napoleão I, depois Guilherme Tell e depois Adão, conforme alguém escreveu em sua prova de recrutamento. Eram estes os seus conhecimentos acerca da história mundial. – Onde foi que parei mesmo? Não devemos fazer piadas ruins no meio. Claro, foi aí que parei: os meus negros. Um de meus amigos disse: "Mas essas pessoas são muito primitivas, meu Deus, nem sabem o que fazem". Então eu disse: "Espere, como é mesmo a história da árvore de natal? Você sabe por que se usa uma árvore de natal?" Ele também não sabia. O pai já a havia usado e o avô também. Foi a única coisa que ele sabia. Mas o que significa uma árvore de natal ele também não sabia. Partout comme chez nous [Igual em todos os lugares e aqui entre nós] – não somos melhores. Nesse sentido somos igualmente primitivos. Sendo assim, atualmente quase toda linguagem religiosa é uma linguagem arcaica. Não sabemos o que significa. Devemos ter muita clareza disso. É algo mais danoso do que vantajoso para os homens, pois correm o perigo de voltarem ao passado. Deveríamos saber o que significa. Mas simplesmente não se pensa sobre nada nesse sentido. Existe uma imensa preguiça de pensar. É algo que acontece não apenas entre nós protestantes, mas também entre os católicos.

Passei por uma experiência interessante: Um professor da faculdade católica de Munique me procurou, um jesuíta, um tipo muito douto e sábio. Entrou em meu consultório com todos os sinais de uma justa excitação e disse: "Li o seu *Jó*". Sendo assim, falei: "Certamente o senhor terá algo a dizer". E ele respondeu: "De fato! Mas tenho apenas *uma* pergunta. Como o senhor, enquanto europeu inteligente e cristão – no mínimo protestante –, pode afirmar que Cristo e Maria não teriam sido humanos?" Naturalmente pensou que agora eu estaria completamente destruído. Eu disse a ele: "Prezado professor, mas isso é bem simples, não é? Veja, segundo a sua própria doutrina da Igreja, o senhor nasceu no 'peccatum originale', quer dizer, na 'macula peccati', isto é, na "mancha do pecado", no pecado original. Eu também; todos os outros homens. Todos os homens são corruptos e mortais, pois carregam a 'macula peccati'. Cristo e Maria não têm 'macula peccati', desse modo não são humanos. Pronto". Foi aí que vi pela primeira vez um jesuíta sem resposta. Não tinha mais o que dizer. Imaginem só, que catástrofe! É como se perguntássemos ao médico o que é uma pneumonia e ele não soubesse responder. Exatamente assim. É uma surpreendente falta de articulação, pois assimilamos apenas as imagens, as palavras, e não tomamos consciência de mais nada. Não temos consciência de que na verdade não entendemos. Nem sabemos o que de fato isso significa. Se analisarmos com precisão – honnête! [honestamente] – uma expressão tal como "redimidos pelo sangue de nosso Senhor Jesus Cristo", chegaremos a conclusões surpreendentes. Mas isso não se faz jamais. Recebi, nesse sentido, uma lição de meu pai. Ele me disse: "Você simplesmente pensa demais. Você não deve pensar, deve acreditar". Então eu lhe disse: "Por favor, me dê essa fé!" Ele mesmo não a tinha, caso contrário podia tê-la dado. Só se pode dar o que se tem. O que não temos, não podemos dar. É algo que ele também não sabia.

Por isso, vejam, a conscientização de sentimentos, absolutamente necessária para progredirmos na vida, é um assunto muito difícil. Desse modo não se pode afirmar – nem ter esperanças nesse sentido – que essas experiências nos indiquem um fim de modo unívoco. Precisa-se passar ainda por grandes experiências – e muitas – até ser possível dizer que provavelmente a direção seja esta ou aquela. Naturalmente já se sabe que elas insinuam questões importantíssimas, numa direção ou noutra. O caminho de volta nos conduz à ideia de uma divindade arcaica. O caminho adiante nos conduz a algo obscuro que ainda não conhecemos. Mas faz muita diferença quando voltamos a um estado de espírito arcaico onde não pensamos mais nada, tornando-nos vítimas de uma total sugestão. Tornamo-nos sugestionáveis quando não temos pensamentos conscientes, e sim, apenas inconscientes. Tornamo-nos imensamente sugestionáveis e vítimas de todo tipo de palavras de ordem ou slogans ridículos.

Acredito que eu disse suficientemente sobre essa pergunta. Os senhores ainda querem perguntar algo?

Ignaz Tauber: Alguém ainda tem perguntas a respeito?

C.G. Jung: Será possível que os senhores entenderam tudo? Os senhores podem ser ingênuos, sem problemas, caso contrário jamais terão consciência de seus sentimentos!

Sobre a redenção

Ignaz Tauber: O Senhor Dr. Baumann deseja perguntar algo.

Hans Baumann: Eu, pessoalmente, me interessaria mais especificamente justamente pelo problema "A redenção através do sangue de Jesus Cristo". E acredito que diversas outras pessoas também.

C.G. Jung: Pois bem – tome consciência! O que significa isso? Por que os nossos pecados devem ser abluídos por meio do sangue? O que, por Deus, significa isso?

Significa, por exemplo: Um ser humano, inocente, é abatido. É o filho de um grande deus. É enviado por este e em seguida entregue aos seus inimigos sem que o deus interfira para protegê-lo. – Quer dizer, o deus entrega o seu próprio filho aos seus inimigos, não interfere. Em seguida, este é sacrificado de modo cruel e o sangue que derrama tem um potencial mágico, pois pode fazer com que pecados cometidos por outros não existam mais. Então, como se deve entender algo desse tipo? – Primeiramente assim: Os pecados que cometemos representam uma desobediência perante os mandamentos de Deus. No Antigo Testamento, os pais originais são desobedientes. É o que se tornou a "macula peccati originalis". Uma desobediência dos primeiros pais nos torna corrompidos e consequentemente mortais. O tema da desobediência, este tema altamente arcaico, tem continuação no dogma cristão. Os nossos pecados consistem em uma desobediência. O criador do mundo sempre se aborrece terrivelmente com isso. De tal modo que a única forma de apaziguá-lo é abater o seu filho. Imaginem uma história assim tão sanguinolenta! Pois Ele é apaziguado através do sacrifício de Cristo. Quer dizer: Existe, por exemplo, um poderoso tirano, cuja ira atraí sobre mim, e ele é apaziguado quando mando abater o meu próprio filho, melhor, quando sou encarregado de abater o meu próprio filho conforme aconteceu com Abraão. Há um comentário judaico a respeito dessa história de Abraão e Isaac: Quando o anjo trouxe o carneiro no lugar de Isaac, Isaac não foi morto. Então Javé disse a Abraão que descesse do altar, que o assunto estava acabado, encerrado. Mas Abraão disse que não, que permaneceria no altar, que ainda teria algo a dizer: Pois *Ele*, Javé, lhe deu ordens de sacrificar o seu filho Isaac. Quase o esfaqueou. E assim Javé teria quebrado a sua promessa, pois Ele lhe havia prometido a sua semente através de Isaac. Desse modo Javé disse: "Sim, por Deus, estás certo". – Por isso, no dia da reconciliação, se deve assoprar o *Shofar* na sinagoga – é o chifre de carneiro através do qual os hereges são amaldiçoados – para que *Ele*, Javé, seja recordado de que *quase* quebrou a sua promessa[15]. Isso é teologia judaica. É como a história do sumo sacerdote que todo ano, no dia de primavera, vai ao Santo dos Santos. "E lá", dizem, "viu a magnificência de Adonai". – "Adonai" significa Senhor. "E essa magnificência lhe falou: 'Abençoe-me, meu filho.'" O sumo sacerdote então o abençoou e acrescentou: "E que você se recorde sempre mais de suas qualidades do que de seus defeitos". É a psicologia de Jó. A partir disso se dá o conflito de Jó. É a consciência de uma indiferenciação original, quase uma identidade entre bem e mal, uma unidade incompreensível dos dois. Um está do lado do outro. Para nós isso significa: uma total ambivalência, principalmente de Javé. Mas no Novo Testamento podemos encontrar indícios semelhantes, quer dizer, de que o Deus do Novo Testamento não é, em sentido algum, um Deus do amor, e sim, um Deus vingativo, terrivelmente vingativo, que até mesmo sacrifica o seu próprio filho para que Ele se livre de seu aborrecimento. As coisas se encaminham dessa forma. A situação psíquica do homem espelha-se claramente nisso. É completamente impossível imaginarmos um criador do mundo que não seja um par de opostos. Ele *tem* que ser opositivo, caso contrário não teria energia. Não haveria a criação da luz a partir da escuridão. Quando não há escuridão, também não existe luz a partir dela e, se não há luz, não existe escuridão. Assim é. Mas quando as duas coisas são separadas, a questão se torna complicada. Há uma represen-

---

15. Cf. para tal as explanações de Jung em uma carta ao Pastor William Lachat, OC 18/2, § 1551.

tação ambivalente de Deus que constantemente ocultamos de nós mesmos. Os teólogos a ocultam de si mesmos.

Impõe-se a partir disso outra observação: No segundo dia da criação – era uma segunda-feira, pois Ele começou no domingo – fez-se a luz. Na segunda-feira os opostos foram separados: As águas superiores foram separadas das inferiores. Na noite *deste* dia Javé não disse: "que era bom". É algo que disse em todos os outros dias, mas não neste dia. Ora, era o dia da mulher, Luna, o dia das constelações noturnas; e na Idade Média afirmava-se que o diabo teria sido criado naquele dia, a serpente do paraíso que existia antes de Adão. Na Idade Média dizia-se que este dia da criação não foi louvado, pois tratava-se de uma questão um pouco embaraçosa. Quando me deparei com este fato entre os escritores medievais, analisei o famoso comentário de Orígenes a respeito do Gênesis. De fato Orígenes diz que Deus louvou a sua obra em *todos* os dias da criação; precisava ocultar essa história desagradável. Há de ter acontecido algo incomum naquele dia para Deus não elogiar este dia[16]. Isso é igualmente ignorado. Ninguém pensa nisso. Na Idade Média ainda se encontravam essas coisas, pois refletia-se sobre elas. Nós, porém, pensamos *infinitamente* menos sobre essas questões bíblicas do que a Idade Média, *infinitamente* menos. Fazemos críticas de textos e coisas desse tipo, mas não refletimos sobre esses objetos.

Pergunto-me quantos de nossos teólogos têm uma noção dos comentários judaicos a respeito do Antigo Testamento,

---

16. Cf. JUNG, C.G. *Interpretação Psicológica do Dogma da Trindade* OC 11/2, § 256 e *Psicologia e Religião*, OC 11/1, § 104, nota 48. A respeito da simbologia do sangue cf. *O Símbolo da Transformação na Missa*, OC 11/3, passim; e para uma resposta mais profunda da questão toda, vide *Resposta a Jó*, OC 11/4.

por exemplo, dessa ambivalência ou do fato inegável de que Deus exige um sacrifício de sangue, isto é, que ele trata o seu próprio filho assim e que também julgava Abraão capaz disso. Nesse caso isso felizmente não aconteceu, mas quase, quase! Não sei se no dia da reconciliação na sinagoga ainda se toca de fato o Shofar, de modo consciente. Naturalmente ele era tocado para nos tornarmos audíveis para Javé, assim como tocamos os sinos. Em Rothenthurm[17] escreveu-se com letras bem amplas no telhado da igreja: "Santo Antônio, rogai por nós!", para que ele o pudesse ver lá de cima do céu.

O sino tem um significado semelhante ao do gongo no Oriente. O gongo é a voz metálica de longo alcance que cada um também emite quando diz: "OM!" É a badalada do gongo. É a invocação. A sua origem é um som primordial que escutei igualmente na África por diversas vezes, isto é "mmh". É algo que se diz instintivamente para "bela vista", "bela música", "uma bela imagem", "uma bela moça". Nessas ocasiões se diz "mmh!" Estive com uma delegação de membros da "British Association" em Darjeeling no Tiger-Hill, de onde observamos o pôr do sol no Kanchenjunga. Uma vista maravilhosa. Todos aqueles cientistas da natureza britânicos disseram "mmh". Não consegui evitar perguntar-lhes se sabiam que oração era esta que estavam enunciando. Pois trata-se de uma oração arcaica. Havia naquele lugar muitas bandeiras de oração, longas hastes de bambu com pequenas bandeiras brancas. Foram estampadas com "block prints" e exibiam o Ratnasambhava[18], o cavalo com Cintâmani[19], a grande preciosidade, a preciosida-

---

17. Comuna na Suíça [N.T.].

18. Cf. JUNG, C.G. *Comentário psicológico ao Bardo Thödol*, OC 11/5, § 852.

19. Cf. JUNG, C.G. *Considerações em torno da psicologia da meditação oriental*, OC 11/5, § 919.

de imensurável, e em suas bordas havia a inscrição "Om mani padme hum". Isso significa: "Oh! a joia no lótus"[20]. Aqui as coisas se encontram reunidas. Essas pessoas não sabiam disso, mas a beleza era tão arrebatadora que cada um disse para si mesmo: "mmh!" É um som primordial, pois é este o som que a mãe diz ao filho quando não quer comer: "Mmh, tá gostoso! Experimenta ao menos uma vez! Mmh!" Ou quando se encontram dois homens de etnias rivais e a situação não é totalmente segura. Não se sabe o que pode acontecer, um não confia no outro. Então ambos sentam no chão, desfazem-se de suas armas e dizem: "mmh, mmh, mmh" – e assim a coisa vai e volta durante um bom tempo – "mmh, (d)jambo, (d)jambo, (d)jambo – mmh" e aos poucos se aproximam. Trata-se de suavizações, recomendações, uma expressão de "appreciation" [apreciação] – "mmh, isso é bom". E mais tarde isso se tornou uma invocação. Na Antiguidade, por exemplo – ria-se igualmente sobre isso –, sempre se ouviam assovios, estalos com a língua e com os dedos nos templos de Mithras. Desse modo os deuses eram atraídos. Eram atraídos como cães, animais. De certo modo, eles eram atraídos por seus atributos animais. Então esta é a origem dos sinos. Naturalmente há bastante material arcaico aí que simplesmente nos arrasta para a inconsciência.

Os *British Scientists* eram uma seleção de homens ilustres que aí teriam uma "priceless opportunity" [oportunidade impagável] de tomar consciência de um sentimento. Mas eram tão pobres que foram capazes apenas de emitir o som primitivo: "Mmh". Um deles então me pediu para que, por Deus, recitasse o *Fausto* aqui, o pôr do sol – em parte eu ainda me lembrava dele e o recitei –, para que o sentimento recebesse

---

20. Cf. JUNG, C.G. *O problema dos tipos na arte poética*, OC 6, § 295.

uma expressão. Foi o historiador de Cambridge que me solicitou. Considerei acertado o fato de ele sentir que algo deveria ser dito.

Algo mais [Mais perguntas]?

Sobre novos símbolos

Ignaz Tauber: O senhor Dr. Jung ainda deseja perguntar algo.

Ernst Jung: Gostaria de perguntar se o senhor, em função de sua grande experiência com o homem moderno, tem a impressão de que, sob o ponto de vista da religião, novos símbolos irão ou poderão formar-se? Quer seja no âmbito cristão ou algo totalmente novo. Justamente com respeito à divisão do mundo que de algum modo em algum momento também tenderá para uma "Coniunctio".

C.G. Jung: Sim – deve ocorrer uma unidade. Este é de fato o caso. É algo que pode ser comprovado diretamente. Nos sonhos do homem moderno há os símbolos do mandala. Mas não temos uma experiência acerca do passado. Não sabemos dizer se esses símbolos do mandala existem desde antes ou se hoje eles se manifestam em número maior. Encontrei tais coisas principalmente após a última guerra mundial, mas quem sabia algo sobre isso antes? Ninguém, não é? Agora, porém, temos provas concretas para isso, são os relatos sobre os "Saucers" [discos voadores], relatos sobre óvnis. Escrevi um livrinho sobre isso[21]. Essa é a prova objetiva de que essas visões ocorrem e que um "lore"[22] desse tipo foi inventado.

---

21. *Um Mito Moderno: Sobre coisas vistas no céu*, OC 10/4.

22. "lore" = crença, nova, transmissão.

Até um astrônomo, o famoso Fred Hoyle em Cambridge, escreve de modo bem ingênuo um livro sobre este motivo, uma novela, sem ter nenhuma ideia a respeito do que de fato escreve[23]. Descreve-o a partir de uma bola, um assim chamado *globulus*. Trata-se de um aglomerado globular de matéria que com o passar do tempo se torna uma estrela através da condensação. Esta se aproxima da terra, mas não diretamente, e sim do sol para absorver energia. Sem saber, entretanto, ela obscurece o sol de modo que, num primeiro momento, quase queimamos na terra e em seguida quase morremos de frio. Este é o conteúdo da história e "le dénouement" [desfecho]. Revela-se que esta nuvem já se encontra desenvolvida a tal ponto que abriga processos intelectuais. As pessoas então entram – através de radiotelefonia – em contato com estas "currents" [correntes] da nuvem. É uma ideia fantástica, mas significa simplesmente um corpo globular com inteligência sobre-humana e duração infinita. Tem a duração de vida de um astro. Enfim, é a história de um astrônomo.

Então esse é um desses casos, há outros, por exemplo, a história de um inglês[24]. Não sei se estou lhes contando algo familiar. Em um vilarejo inglês isolado aconteceu que um desses discos voadores, um "flying saucer", aterrissou traçando um círculo com um raio de uma milha ao seu redor. Qualquer um que entrasse em contato com ele, seja humano ou animal, caía em um sono hipnótico. Nesses lugares naturalmente aconteceram acidentes de carro e o vilarejo caiu por 24 horas em um estado de sono completo por causa da presença deste disco voador. E depois, após 24 horas, tudo e todos desperta-

---

23. HOYLE, F. *The Black Cloud*. Londres, 1957. Cf. igualmente JUNG, C.G. *Um Mito Moderno*, OC 10/4, § 810-820.

24. WYNDHAM, J. *The Midwich Cuckoos*. Londres/Nova York, 1957. Cf. JUNG, C.G. OC 10/4, § 821-824.

ram de forma inteiramente normal e nada havia acontecido, absolutamente nada. Ninguém havia percebido coisa alguma e nada faltava em lugar algum. Algumas semanas depois, porém, verificou-se que todas as mulheres em idade fértil deste lugar estavam grávidas. Isso naturalmente causou um grande alvoroço neste respeitável vilarejo. As pessoas aguardaram, o que mais poder-se-ia fazer? Tiveram filhos que eram todos especialmente amáveis e inteligentes e que tinham olhos dourados. Na escola revelou-se que eram muito mais inteligentes do que os outros e que possuíam igualmente uma capacidade especial: Era como se todos eles possuíssem *um só* intelecto juntos de modo que somente uma menina e um menino frequentavam a escola. Isso bastava. Os outros sabiam de tudo o que estes haviam absorvido. Foi preciso criar uma escola especial para eles, pois se tornaram terrivelmente inteligentes e indiscretos. Por fim, os ingleses começaram a entender que esta era simplesmente uma raça superior, um tipo de raça humana totalmente novo e com uma inteligência superior. Entrementes receberam novas informações de que algo semelhante teria ocorrido na África, de que um vilarejo de negros teria sido adormecido e que em seguida teriam tido crianças com olhos dourados que, entretanto, eles assassinaram imediatamente, pois se tratava de algo novo. Foi assim que "solucionaram" a questão na África. Em um vilarejo de esquimós aconteceu o mesmo. A tribo de esquimós simplesmente abandonou as crianças. Morreram de frio e tudo estava resolvido.

E na Sibéria isso ocorreu sob o governo dos soviéticos que se interessaram pelo fato, isolaram o vilarejo por completo e observaram o destino dessas pessoas. Descobriram que, além de tudo, elas ainda possuíam a "segunda visão". Tinham capacidades telepáticas. Isso acabou sendo demais para os russos e eles dizimaram o local através de pesada artilharia e destruíram tudo. E cá estavam os ingleses e não sabiam o que fazer com a raça nova. Então houve um inglês muito amável que se destacou especialmente na educação destas crianças. Tinha uma enorme compaixão e empatia por elas. Ele, porém, acreditava: ou nós ou elas! Caso *elas* dominem, nós estamos perdidos. Seremos simplesmente "the poor niggers" [os pobres negros] e eles serão os verdadeiros poderosos e nós seremos dominados. Por isso disse: "Isso é impossível". "Rule, Britannia!"[25], não é? Em seguida mandou trazer diversas caixas com dinamite para a sala de aula onde todas elas estavam reunidas e ordenou que ele e todo o grupo voassem pelos ares. Desde então nada mais aconteceu. Essa é uma história desse tipo.

Isso significa que há uma história obscura, um "rumor" que algo deseja encarnar no ser humano. Algo deseja penetrar em nosso mundo, algo redondo, algo como o sol, algo dourado, algo superior, uma totalidade que o homem não possui. E isso então é visto através de imagens redondas e brilhosas. Abrigam vozes, inteligências que são superiores e que alegam vir de Vênus ou Marte e que cuidam de nossa situação terrena, de toda nossa situação política mundial. Querem nos dar bons conselhos, ajudar-nos ou quem sabe até ajudar-nos a emigrar. Pois são todas elas pequenas naves de salvador que vêm do céu e que desejam nos redimir de nosso estado embrutecido. Este é o mito que vale hoje. É pura ignorância nossa se subestimarmos esse fato. Na América fizeram um "Teste Gallup" e descobriram que pouco mais de 40% da população está convicta de que esses "saucers" existem.

E se os senhores conhecerem a literatura...! Posso lhes indicar um livro altamente interessante. É de Aimé Michel e

---

25. Canção patriótica britânica do século XVIII [N.T.].

se chama *Corps mystérieux - corps célestes*[26]. Ele mesmo esteve na aviação e era um francês inteligente. Fez observações altamente interessantes, isto é, que as observações desses discos voadores durante o dia encontram-se todos em *uma* linha geográfica. Fixou isso no mapa. Muito interessante. Isso indicaria que de fato há algo nesse sentido. O livro me convenceu levemente de que há sim algo de verdadeiro nessas coisas. Deve ser algo da ordem da física. Mas o que é feito disso – é *isso* que nos interessa, pois toda a esperança de salvação é projetada em tais coisas. Isso não se encontra muito afastado da formação de uma religião, a esperança de salvadores vindos de outras esferas. Essa literatura é altamente interessante.

Recentemente houve um escândalo em Basileia. Foi quando alguém afirmou ter dado onze voltas na lua; do outro lado da lua haveria água, cidades etc. Naturalmente isso é uma bobagem sem pé nem cabeça. Esse homem é um embusteiro, mas tem fiéis na Suíça. Eu inclusive conheço uma pessoa que, apesar de ser de resto bastante razoável, está completamente convicta de que seja verdade. Ela naturalmente também tem essa "ilusão de salvador". Ocasionalmente viaja até Vênus – lá há uma cultura maravilhosa e fabulosa, pessoas belas com cachos loiros e olhos azuis. Esse homem tem os assim chamados "contacts" [contatos]. Na América chamam isso de "contacts" com esses seres superiores. Mas essa é a "origin of a myth" [origem de um mito].

Desse modo, igualmente o nascimento de Cristo foi indicado pela maravilhosa conjunção entre Júpiter e Saturno – é a estrela de Belém – que de fato ocorreu. Ele [Cristo] de certo modo também é associado às estrelas no que diz respeito à sua origem. Assim como no caso de uma epifania de um deus,

---

26. Título correto: *Mystérieux objects celestes*. Paris, 1958.

é um deus que desce de um Olimpo, quer dizer, do céu, do mundo estelar, e surge no mundo. Agora isso acontece novamente. Acontece da mesma forma banal como antigamente, quando pessoas insignificantes andavam por aí e anunciavam: "Cristo surgiu. Veio ao mundo, tornou-se real". Muito ingênuo. Este foi o papel de Paulo, conforme os senhores podem ver na carta dos Tessalonicenses. Chegava a comunidades que nós sempre achávamos que foram cristãs. Eram "settlements" [colônias] judaicos. Lá ele anunciava que agora havia chegado o Messias. Isso teria acontecido de verdade. Teria acontecido em Jerusalém de tal e tal forma. *Isso* era o evangelho. É o assim chamado anúncio original: Agora de fato ele teria chegado ao mundo. Nos tempos atuais, o anúncio do evangelho encontra-se no "Ebro-Bulletin"[27] e em jornais desse tipo ou na "Saucer-Review"[28] – o que é igualmente ridículo. Desse modo, de fato, um mito desse tipo se torna vivo.

No caso de Buda é a mesma história. Naquela época ainda não se sabia nada sobre Buda, sabia-se apenas que esse homem inteligente e benévolo era um homem significativo. Mais tarde, entretanto, tornou-se o "Grande", e mais do que todos os deuses, o "Elefante/". O seu ensinamento é chamado de "a pegada do elefante". De início todas as coisas são pequenas e assim é entre nós agora.

Não me admiro nem um pouco se tudo isso ainda chegar sei lá onde. Enquanto a coisa continua obscura assim, naturalmente tudo pode ser projetado para dentro dela. Por isso deseja-se saber qual é de fato a realidade dessas histórias. Por que razão, porém, não se sabe *mais* a respeito é totalmente obscuro.

---

27. Boletim/publicação do Observatorio del Ebro, instituto científico criado pela Companhia de Jesus no início do século XX na região da Catalunha [N.T.].

28. *Flying Saucer Review*, revista/periódico sobre discos voadores [N.T.].

Só sei que uma série de histórias está vindo à tona agora, histórias que durante anos permaneceram numa zona escura, sobre as quais não se sabia nada. Em parte são observações altamente interessantes. – Então recomendo aos senhores urgentemente o livro de Aimé Michel; posso de fato recomendá-lo, é muito interessante, pois clareia essa questão da possível realidade. É de longe o melhor que existe sobre todo esse assunto[29].

Que horas são?

[intervalo, conversas]

Sobre projeções

Ignaz Tauber: Se nos permite, senhor professor, faremos outra pergunta ao senhor. Na verdade são duas, que estão interligadas, e o seu conteúdo é: Como o senhor fazia quando perdia a sua força vital, quando tinha trabalho demais, no caso de uma depressão ou de um golpe do destino? Em parte o senhor já as respondeu quando falou das pedras da alma. E essa última pergunta também faz parte: Como o senhor conseguiu recolher as suas projeções?

C.G. Jung: De fato, estas perguntas estão necessariamente interligadas. Quando perdemos a energia vital, isto é, a participação na vida, o interesse, a energia, então isso é semelhante a uma fadiga. O que se faz quando se está fatigado? Enrolamo-nos como um cão no sofá e permanecemos conosco. Recompomo-nos novamente, descansamos. E, quando entramos numa desordem psíquica, recompomo-nos igualmente em termos psíquicos à medida que damos atenção a nós mesmos,

---

29. Cf. igualmente MICHEL, A. *The truth about flying saucers*. Londres, 1957 [Original: *Lueurs sur les soucoupes volantes*. Paris, 1954], indicado em JUNG, C.G. OC 10/4, § 609 nota 4 e 668 nota 13.

refletimos sobre questões, nos confrontamos com elas, tomamos consciência delas, isto é, tudo aquilo que se refere a nós. Toda pessoa que sofre torna-se autorreferente, egocêntrica. Isso é absolutamente necessário para que possa se recompor novamente. Desse modo, é exatamente como no caso do australiano que procura os seus Churingas e os esfrega. Assim procuramos por um lugar silencioso, sossego, concentração para nos auxiliar a sair da dificuldade. Isso pode ser facilitado: Na Índia essas práticas se encontram articuladas, muito bem desdobradas. Os senhores podem-se "autorrespirar" se assim desejarem. Ou então podem assumir uma determinada posição de Lótus que lhes recorda a sua própria posição, o seu corpo. Permaneçam por duas horas na posição de Lótus – então os senhores sentirão onde estão – até por razões fisiológicas.

Ou então realizamos algum desejo realizável. Eu, por exemplo, tive uma paciente que sofria de depressões que ameaçavam a sua vida e durante as quais desejava suicidar-se. Ela percebia que, quando passava por uma loja de sapatos e comprava um novo par, ficava novamente bem. Foi desse modo que se curou de sua depressão, pois fez algo por si. Pode ser útil em vários sentidos quando fazemos algo por nós e, quem sabe, de modo egoísta.

Existem homens que para isso se dão a liberdade de se embebedar. E pode ser a coisa certa, pois é correto nos darmos atenção, tomarmos posse de nós mesmos de forma objetiva. Dessa forma podemos nos libertar igualmente de projeções. O que significa uma projeção? Uma projeção significa, por exemplo, que projeto características em alguém ou então encontro características que nem estão lá, que vêm de algum outro lugar, por exemplo, de mim mesmo. Por isso, não estou seguro quando avalio essa personalidade. Mas o que se faz nesses casos? Informamo-nos como tal pessoa é de verdade. Ouvimos o que os outros têm a dizer. Ou então examinamos como essas pessoas são na realidade e vemos, para nossa surpresa, que eventualmente o nosso julgamento está completamente errado. Em seguida podemos descobrir a razão para tal. Por exemplo, temos uma desconfiança injustificada de alguém e descobrimos que ela de fato não tem fundamento. Então, o que faremos? Como isso pode ser corrigido? – Em primeiro lugar, os senhores sabem, à medida que colhem informações objetivas, que essa desconfiança realmente não é nada adequada e que essa pessoa é confiável. Por que então projeto essa desconfiança nessa pessoa? Bem simples, pois algo em mim não está dando certo. Pode ser, por exemplo, que estou desconfiado e que eu mesmo, de alguma maneira, não me julgo digno de confiança, o que, porém, jamais eu assumiria. Preferiria dizer: "Não, sou totalmente digno de confiança". Não gostaríamos que os outros pensassem a nosso respeito que não somos dignos de confiança e, por isso, presumimos que o somos. E mesmo assim temos uma dúvida secreta se realmente o somos. Ou então aprontamos algo que indica que não somos totalmente dignos de confiança. Assim sendo, somos perseguidos por uma secreta consciência pesada e procuramos por todos os lados um lugar ao qual isso pertence e em seguida encontramos uma "bête noire" [o inimigo]. Descobrimos alguém e pensamos: "Essa então é a tal pessoa não digna de confiança" e assim a projeção está feita. Então ela existe. Quando podemos desfazer esse processo através da autoconsciência, centrando-nos novamente em nós mesmos, nos autoconhecendo, temos um critério seguro e assim sabemos: "Por que razão me queixo sobre tal pessoa afirmando que ela não é confiável? Sei a meu próprio respeito que não o sou". Mas são pouquíssimas pessoas que fazem isso. São coisas bem simples. Dizem que todos têm a sua "bête noire". Há alguém a cujo respeito pensamos: *este* então é o tal cara mau. Ou algo nesse sentido. Em seguida, vemos que é algo projetado e que isso pode inclusive vir de nós mesmos. Assim que soubermos disso, essa palhaçada acaba.

Existem, por exemplo, homens que projetam a inocência em sua essência em todas as jovens moças. São as "sempre inocentes" e "maravilhosas", que não possuem característica negativa alguma. Pessoas assim naturalmente são completamente cegas, quer dizer, são completamente cegas em relação aos seus próprios sentimentos. Não sabem que são inteiramente egoístas e autorreferentes, pois são capazes de pressupor que um outro seja perfeito. Assim, naturalmente a moça com quem desejo me casar precisa ser perfeita, pois sou um cara fabuloso. Desse modo só se pode casar com uma mulher inteiramente perfeita. Esta é uma exigência insana em relação a uma outra pessoa, pois exige-se dela aquilo que nós mesmos não fazemos. Isso também é uma projeção. Quando pensamos que alguém é um preguiçoso e não temos certeza absoluta se de fato ele é um preguiçoso – talvez até temos provas de que ele não o seja – então precisamos fazer um autoexame para ver se nós mesmos não somos preguiçosos. É assim que funciona.

Encontramos isso em todos os lugares da sociedade. Mulheres têm determinadas ideias a respeito umas das outras e depois revela-se que elas mesmas são assim. E os homens também passam por isso. Os homens são iguais às mulheres nesse sentido, mas levam as suas projeções para outras coisas. Vejam, por exemplo, o ramo dos negócios – lá encontrarão sempre de novo a história da "bête noire". Igualmente nas famílias acontece de um irmão ter projeções em relação ao outro sem perceber que aquilo de que mais reclama é o que há de pior nele mesmo. Essas são as coisas mais habituais. E podem ser corrigidas sem maiores problemas à medida que nos voltamos para nós mesmos e dizemos: "Agora vamos abrir *todas* as gavetas e ver qual a minha real situação". E vejam, descobrimos toda espécie de coisas e percebemos que essas projeções já não são mais necessárias, que não necessitamos projetar tais coisas nos outros. Dessa forma naturalmente nos livramos das projeções. Mas nem sempre é um procedimento agradável, sofremos diversos danos. Vemos que não somos aquele cara cem por cento bacana. Por isso, essas duas perguntas na verdade são uma só.

Passamos por uma renovação pessoal somente quando nos assumimos. Entretanto, pessoas que têm como hábito projetar desejam sempre responsabilizar as outras pessoas, como se os outros fossem responsáveis pelas asneiras que cometemos. Por exemplo, alguém acha que a esposa deve tratá-lo de forma diferente, pois ele mesmo se trata de modo estúpido. Assim a esposa deveria fazer a coisa certa! E assim por diante.

Conheci um caso onde uma mulher sempre fazia a maior cena para o seu marido e inclusive o feria fisicamente por existirem temporais! Há raios e trovões e os raios relampejam em seus olhos – e seu marido é responsável por isso! Ela o responsabilizava como se ele fosse Zeus em pessoa. Se eu apresentasse essa mulher aos senhores, os senhores jamais a julgariam louca, não mesmo. Pelo contrário, uma mulher altamente razoável. Mas projetava muito, sempre eram os outros: "Mas se fulano e sicrano ou isso e aquilo tivesse sido diferente, então eu naturalmente também o seria". Ou: "Por Deus, agora está relampejando e está relampejando em meus olhos". Ela é alvo de um temporal dos céus, pois é uma personalidade imensamente importante e está há muito tempo na lista de Zeus para ser atingida, pois é uma Sêmele tão fantástica ou algo nesse sentido. Isso não seria assim, caso o seu marido não fosse o culpado! Perguntei a ela como o seu marido poderia ser culpado e por que ela o responsabilizava. Então veio à tona que ele gostava de temporais. Amava temporais. E esta é a sua vileza maldita, o fato de amar aquilo que mira nela e que deseja matá-la. Por isso é o aliado secreto de Zeus e de Sêmele que é devorada pelo fogo divino. Este então é um mito grego encenado na vida de uma mulher suíça totalmente razoável. Ela é Sêmele – e não o sabe. E ele é, se não o próprio Zeus, um colega de Zeus e com este conspira. Sabe Deus, Zeus mira nela, pois é uma deusa, uma semideusa, uma Sêmele; e, no caso de um temporal, ela poderia ser atingida por um raio. Ela vê claramente como os raios relampejam em seus olhos e isso é um terrível atrevimento. Toda a sua reputação é questionada pelo fato de esse Zeus tomá-la como alvo. E, ao mesmo tempo, é fabuloso quando Zeus se interessa por nós. E o marido permite que tudo isso aconteça. Não faz nada para que não haja temporais. É simplesmente um colega de Zeus, conspira com este e quer submetê-la a Zeus. É todo um conglomerado de "plots" [enredos], complôs, artimanhas. Dá-se, a partir disso, um jogo de emoções muito complicado. Ela não sabe disso, não tem a menor ideia a respeito. Agora, se desejar libertar-se dessa projeção, ela precisa ir ao seu quartinho, sentar-se em sua cadeirinha e anotar: "Então, meu marido faz temporais". Em seguida diria: "Não, isso já é demais: Meu marido não é capaz de fazer temporais. Mas por que razão então relampeja em meus olhos?" – É o "deus dos raios" que a tomou como alvo. E ela continua não percebendo que foi *ela* que mirou no "deus dos raios". É essa a maldita questão! São reflexões desse tipo que ela precisa fazer para se livrar dessas projeções. O fantástico nisso tudo é como as pessoas chegam a essas ideias arquetípicas. Mas isso tem a ver com o fato de todos nós termos um inconsciente coletivo que contém ideias desse tipo. E quando então algo não é muito interessante – não é todo dia que passeamos em um cabriolé dourado, Zeus não nos visita na forma de uma chuva dourada que perpassa o telhado e não montamos em um touro de Europa (caso contrário, como seria bela a vida), e sim, precisamos andar de bonde e isso é tão enfadonho – então se formam compensações arquetípicas e as pessoas criam essas fantasias ridículas. Naturalmente estas são muito interessantes para a pessoa em questão que as manipula. Os senhores podem ouvir toda a mitologia grega em suíço-alemão, tudo ocorre numa rua número tal em Zurique com a mulher tal – a senhora Kabis-Häuptli. Tudo isso é terrivelmente banal; mas, quando olharmos para tudo isso com mais rigor, trata-se de fato do "Deus e a Bailadeira" ou de "Zeus e Sêmele" e assim por diante. Eventualmente isso acaba com um casamento, estraga a relação com os filhos quando, por exemplo, uma mulher tem uma fantasia de Sêmele – algo que ocorre com certa frequência. O que então acontece com seu filho? Pois ele será Dioniso! Ai dele! É incluído no mito e precisa corresponder a Dioniso. E se depois se torna alcoolista todos estranham. Em homenagem a esse mito, ele pode tornar-se um alcoolista.

Vi mais de um caso onde a mãe, uma pessoa muito capaz, tinha todo tipo de fantasias ligadas a Zeus. Os senhores sabem quantos casos amorosos Zeus tinha. Mas não aconteceu nada nesse sentido. Mas ela tinha um filho que praticava todas essas tolices. E então a mãe ficava admirada – não sabia nada a respeito disso. Pois todas as projeções atuam tais como projéteis, projéteis psíquicos. Quando alguém é projetado em nós, é como se fôssemos alcançados por um disparo. O deus é comparável a algo que nos penetra. Um homem, por exemplo, pode ser totalmente desvirtuado por projeções femininas sem saber o que está acontecendo com ele. Uma flecha feminina o atingiu. E o contrário também acontece. Por isso é tão importante sabermos o que nos pertence e o que não nos pertence. Se a senhora em questão com as suas fantasias de Sêmele tivesse a bondade de refletir se de fato é Sêmele, a amante de

Zeus e a mãe de um deus, ela rapidamente cairia em si. Mas jamais se pensa sobre isso, apenas se atua, deixa-se acontecer. E é justamente este o perigo. Desse modo naturalmente se formam neuroses, é fácil imaginarmos isso. Imaginem um homem que para sua mulher representa quase um Zeus ou então um colega de Zeus ou alguém que está sob suspeita de fazer temporais e que é punido por fazer temporais. Deus do céu, alguém assim em pouco tempo torna-se alvo de mania de grandeza. Caso não reflita sobre, ficará apenas com o *efeito* disso – de que as pessoas diante dele reagem como se ele fosse o "anticristo" em pessoa[30]. Isso de fato gera um efeito. Isso o modifica. Por isso há muitos homens – com as suas respectivas esposas – que através do casamento tornam-se alvos de uma modificação psíquica, em função desses arquétipos que a esposa traz consigo. Et vice versa! [e vice-versa]. Preciso enfatizar isso sempre de novo. Não é apenas um sexo, e sim, também o outro. Isso envenena a nossa sociedade e as nossas relações pessoais em alto grau, pois é simplesmente algo inadequado. Não se adéqua a nós. Por isso preciso saber quem sou quando desejo me libertar dessas coisas. Quer dizer, preciso saber que isso não me pertence e que sofro dessas manias. Possivelmente torno-me alvo de uma dessas manias quando alguém a lança contra mim, me atinge secretamente pelas costas. Através de expectativas desse tipo podemos corromper alguém, precisamente filhos. A mãe, por exemplo, pode corromper o seu filho por completo quando tem expectativas errôneas em relação a ele. Pode "desvirtuá-lo" e isso também pode ser feito com um adulto. Por isso, a análise das projeções é importante.

---

30. Jung usa aqui a palavra "Gottseibeiuns", expressão usada principalmente na Áustria e no sul da Alemanha. Traduzida ao pé da letra significa "Deus esteja conosco". Trata-se de um modo eufemístico de se referir ao diabo [N.T.].

Como médico naturalmente não pude me dar o luxo de encenar mitologia grega com os meus pacientes. No lugar disso precisava ficar atento para perceber o que estava sendo projetado. Nesse intuito não poderia também projetar. Quando temos uma profissão dessas, uma profissão como eu a tive, naturalmente projetam toda espécie de coisas em cima de nós. Então somos o salvador e sei lá mais o quê. É de lascar! Por fim ficamos fartos disso. Mas quando não sabemos nada a respeito disso, os efeitos são desastrosos! É regra o fato de os pais, quer seja o pai ou a mãe, desejarem de seus filhos justamente *aquilo* que eles próprios não fazem. Transferem para eles *aquela* vida que eles próprios não viveram. É algo inexorável. É uma equação matemática. Vemos muito claramente o efeito que isso gera nos filhos. Acredito que um ano atrás falei aqui para os senhores do exemplo de uma família onde seis filhas tiveram que representar o problema da anima de seu pai.

Público: Não.

C.G. Jung: Não? O pai era – para usarmos uma expressão decente – um "pequeno burguês". Não sabia que naturalmente também abrigava um caçador de ratos dentro de si. – Como já disse, ele tinha seis filhas e tinha uma intensa inimizade pelos alemães. A primeira filha casou-se com um teólogo alemão. Teólogos então ele não suportava mesmo. A segunda também foi noiva durante anos de um teólogo alemão e por fim casou-se com ele. A terceira manteve durante anos uma relação amorosa com um alemão – à l'insu de ses parents [sem o conhecimento de seus pais] – e por fim casou-se com este. Foi um caso um pouco escandaloso. Ela já tinha uma certa tendência artística. [...][31]. E a quarta mais ainda – tinha uma forte tendência artística. Essa então se juntou com a mais nova, a

---

31. Aqui Jung corrige o seu engano: eram cinco, não seis filhas.

quinta filha. Ambas viviam em um hotel Garni em Paris e andavam com corsos, aprontavam de tal forma que por pouco não houve um escândalo nessa família absolutamente honorável. Mandei chamar a filha do meio e disse a ela: "Senhora, já sei de tudo – alguma coisa precisa ser feita". Na verdade as moças foram corrompidas pela família, pelos pais. Então ela disse: "É tão terrível, não sei o que fazer. Não pode continuar assim, não é?" Eu disse: "De fato, esta é uma situação muito perigosa". Fora isso não conhecia essa família, mas soube a seu respeito que era uma família muito boa e que no todo eram pessoas corretas. Desse modo eu disse: "Precisamos fazer algo. Vá para casa e escreva para as suas irmãs que o professor Jung não está de acordo com que estão aprontando". Em seguida ambas as filhas voltaram para casa. A coisa toda foi desfeita e ambas se casaram. – Pois acabei com a festa delas. Assumi a função do pai e disse: "Isso é inviável!" Se o pai tivesse dito algo assim ao menos *uma única vez*, se ao menos uma única vez quisesse saber o que estava acontecendo, isso tudo não teria ocorrido. Pois então elas teriam reconhecido as suas projeções, as suas expectativas. Estavam todas "encaminhando-se para o lado errado" pelo fato de o pai não conhecer uma parte da vida e a mãe ter um campo de visão tão limitado. Ela também não reagia. Quando perguntei à filha: "Por que razão não falou a respeito disso com seu pai ou sua mãe?", ela disse: "Isso é impossível, não dá para discutir sobre isso. No nosso ciclo isso não existe". – Essa é a postura certa, assim as projeções podem florescer! Essas pobres crianças simplesmente precisavam compensar esse horizonte lamentável, estreito da mãe e a estreiteza ainda mais lamentável do pai. Umas precisavam casar-se com aquilo que o pai odiava, que ele desprezava, e as outras com o que a mãe odiava e desprezava. Isso significa: "A bênção do pai constrói casas para os filhos. A maldição da mãe, porém, as derruba"[32]. Só que aqui não havia bênção, pois existiam projeções dessa espécie. Mas em que família não existem projeções desse tipo? – Se eu não tivesse interferido no caso, as duas moças teriam acabado na prostituição. Isso era bem simples. Imaginem isso: Duas moças suíças com corsos que manuseavam facas afiadas pela vendeta. Teríamos que temer que alguma hora fossem assassinadas.

Agora preciso parar. Para mim já basta.

Sabi Tauber: O senhor não deseja tomar mais um copo de vinho?

C.G. Jung: Não, não. Agora preciso viajar para casa – levado pelas asas do vento. Littéralement [literalmente].

Ignaz Tauber: Acredito que falo em nome de todos quando agradeço de coração pelo esforço que fez em nos deixar sentir algo de seu saber e de sua experiência.

C.G. Jung: Sempre temo falar demais e me repetir. Não contei nenhuma história duas vezes? Quando ficamos velhos surge essa "loquacitas senilis" [loquacidade senil]. Eu mesmo tinha um tio que disse aos seus filhos: "Quando perceberem que as coisas já não funcionam mais, por favor me digam. Então renunciarei". Prometeram-no a ele e assim, alguns anos mais tarde, acharam que de fato estava na hora de o velho senhor renunciar. O filho mais velho foi até ele e disse: "Pai, pensamos que essa seria a hora de o senhor se aposentar". Então este disse: "O quê?! Jamais me senti tão vivo, tão forte, tão jovem! Jamais estive em tão boa forma!" – Aí já era tarde demais!

---

32. Jesus Sirach 3,9 (Septuaginta): "A bênção do pai consolida a casa dos filhos, mas a maldição da mãe a destrói até os alicerces".

Parte II

Sessão de perguntas de 29 de maio de 1957 (Fragmento)

Sobre a sombra

Ignaz Tauber: Agradecemos ao senhor, senhor professor Jung, por vir até nós hoje e gostaríamos de lhe apresentar uma pergunta sobre a sombra: O próprio Cristo aconselhou a repressão da sombra, quer dizer, do lado sombrio? E isso era condicionado historicamente? Ou trata-se de uma interpretação mais tardia da Igreja? E: Atualmente é possível preservar, dentro de uma educação cristã, uma relação autêntica com a sombra, o lado sombrio, sem com isso opor-se ao cristianismo?

C.G. Jung: [Não é fácil responder a sua pergunta, pois][33] são estas as questões últimas com as quais nos deparamos. No todo, essa pergunta não [foi] apresentada poucas vezes[34]. Este de fato é um problema digno, pois geralmente Cristo é visto, igualmente na teologia liberal – e principalmente lá – como um *ser humano*. Consequentemente há de se supor que ele

---

33. Parte da frase reconstituída pelo editor.

34. A resposta de C.G. Jung em relação a essa pergunta encontra-se, por exemplo, resumida em *O espírito Mercurius*, OC 13, § 290. Cf. igualmente *Jung e a fé religiosa* OC 18/2, § 1584-1690.

possui aquilo que nós chamamos de sombra, quer dizer, um lado menos perfeito, menos luminoso que, sendo assim, não corresponde aos ideais da perfeição. Conforme sabem, a concepção ortodoxa evita isso, justamente a concepção arquiortodoxa do catolicismo que absolve Cristo da "macula peccati", da "mácula através do pecado". Ele é "sine macula peccati originalis" [sem a mácula do pecado original]. Nasceu ou foi gerado fora do pecado original; do mesmo modo a sua mãe encontra-se fora do âmbito do pecado original em função do dogma, da declaração da "conceptio immaculata" [conceição imaculada] – este dogma foi introduzido cem anos atrás por Pio IX[35]. Segundo este ponto de vista, Cristo então se encontra *sem* mácula. Por outro lado, temos – por parte dos relatos do Pai da Igreja Ireneu de Lyon no início do século III – o relato da teologia gnóstica que pressupunha que Cristo nasceu sim com uma sombra, mas que destacou esta sombra de si e daí em diante viveu sem sombra. Porém, não nos é transmitido o que segundo a concepção desses gnósticos aconteceu com esta sombra destacada. Através das narrações do evangelho, podemos, entretanto, concluir que se trata do diabo em pessoa, pois segundo o relato do evangelho ele se separou do diabo: "ὕπαγε, Σατανα! Vai-te, Satanás!"[36] Desse modo se separou definitivamente da metade escura. O que de fato teria que ser assim, caso a doutrina da Igreja do "summum bonum" [bem maior] tivesse validade. Mas na Igreja ela justamente tem validade. Não apenas no catolicismo, e sim, também no protestantismo vale que Deus, o Pai, é o summum bonum e que Ele não contém escuridão. Onde, porém, se encontram o inferno e

---

35. Pio IX, 1854.

36. Mateus 4,10.

o diabo, isso permanece sem explicação. Isso está fora do âmbito do Pai. Isso simplesmente é ignorado; não é mencionado qual a *sua* relação com a onipotência de Deus. Jakob Böhme se confrontou com este problema. Mas ele também é um gnóstico e os gnósticos são sempre insultados, pois se dedicam a questões que os teólogos deixaram de lado por as considerarem desagradáveis. Na verdade eles são teólogos, por exemplo, Valentino ou Basílides, os grandes gnósticos foram grandes teólogos. Valentino inclusive foi "papabile" [papável], aspirava à sede episcopal de Roma. Na verdade não chegou a alcançar aquilo a que aspirava, mas deve ter sido um grande teólogo, alguém que pensava diferente dos outros. Os outros apenas imaginavam, não refletiam, enquanto ele tentava justificar-se perante si mesmo. Nos novos achados do Egito, nessa biblioteca gnóstica, [encontra-se] um original da escola Valentiniana, o assim chamado "Evangelium veritatis", o evangelho da verdade[37], onde ele, de forma bem diversa dos outros Pais da Igreja e de modo reflexivo, tenta extrair a quintessência do cristianismo. Provavelmente ele foi um romano muito culto que se confrontou com a pergunta: O que de fato *diz* o cristianismo? O que de fato isto *significa*? Que história é essa do Deus encarnado? Parece que tentou, por assim dizer, extrair uma quintessência do pensamento cristão. Então essas pessoas se depararam com o problema: "ποθεν το κακον? Qual a origem do mal?"[38] Esse dito é de Basílides, o grande gnóstico que justamente também se ocupou de modo bem especial com o problema do mal e por isso com o problema da sombra.

---

37. Cf. JUNG, C.G. Palestra na entrega do "Códice Jung", OC 18/2, § 1514-1517 e 1826-1834.

38. Cf. JUNG, C.G. *Interpretação Psicológica do Dogma da Trindade*, OC 11/2, § 249.

No caso destes [gnósticos] então fica claro que Cristo nasceu sim com uma sombra, mas destacou essa sombra de si e dessa sombra surgiu o diabo. Por isso, precisamos contar com a possibilidade de existir uma ideia original, isto é, um "sous-entendu" [subentendido], notadamente, uma disposição *inconsciente* – que está relacionada à natureza de Javé, o Javé do Antigo Testamento – de que Cristo originalmente *também* é uma "coincidentia oppositorum", uma coincidência dos opostos, uma união ou unidade dos opostos[39]. Esta então se cinde em dois através de um ato da, por assim dizer, decisão ética. O outro então seria "o irmão escuro". A história dos símbolos nos indica que isso coincide com o fato de Cristo e o diabo terem toda uma série de símbolos em comum. Por exemplo: O diabo é o "leão" e Cristo é o "leão". "Leo de tribu Juda"[40] ou "ele anda em volta como um leão que ruge"[41], procurando a quem devorar. Ou a águia. Ou a "Stella matutina", que é a estrela d'alva, Lúcifer. Ambos são "lúcifer"[42]. Isso indica uma unidade original que foi, por assim dizer, separada por um ato da vontade. A unidade original de fato se encontra presente em seu pai, isto é, no Javé judaico. Javé é uma "coincidentia oppositorum". Ele possui ambos os lados, um lado claro, positivo, e outro escuro. Por um lado, deve-se amar esse Deus, certo? Por outro, deve-se temê-lo. Encontramos, entretanto, semelhante coisa no Novo Testamento: justamente este João, o escritor de epístolas e talvez igualmente o theologus [teólogo] a quem se atribui também o Apokalypsis Joannou, a revelação

---

39. Cf. igualmente JUNG, C.G. *As personificações dos opostos*, OC 14/1, § 200.

40. 1Moisés 49,9 [Gênesis} ("Judá é como um jovem leão").

41.1Pedro 5,8.

42. Lat.: portador da luz, que traz a luz.

de João[43] – e este é o apóstolo do amor por excelência –, vem por último e o "evangelium aeternum" [evangelho eterno], revelado no Apocalipse, diz: "Tema a Deus!" – Descubram novamente o temor e o terror que emana de Javé![44]

Teríamos igualmente um exemplo mais tardio: Tomem o nosso santo nacional, Nicolau de Flue. Ele teve uma visão de Deus tão terrível que as pessoas não suportavam mais olhar para o seu rosto. Tinha uma tal expressão de terror no rosto que as pessoas dele fugiam. Ele mesmo estava tão terrivelmente impressionado que precisou meditar por um longo tempo até conseguir transformar este Deus na Trindade. Fez isso com a ajuda de um livrinho de um místico do sul da Alemanha. Ele próprio não sabia ler nem escrever. Este, entretanto, continha diagramas e com a ajuda destes diagramas pôde re-significar a visão no sentido da encantadora trindade que até hoje se encontra pendurada no presbitério de Sachseln. Essa pintura provém do fim do século XV. Ele necessitou de um processo completo[45].

Semelhante a Inácio de Loyola, que igualmente teve uma visão de Cristo, mas na forma de uma serpente luminosa. Esta lhe pareceu tão encantadora e bela de modo que pensou tratar-se de algo bom, que seria Cristo. Em seguida, entretanto, duvidou e pensou que afinal de contas poderia ter sido sim o diabo. Então foi o diabo[46]. – Assim vemos o quanto essas coisas estão próximas.

---

43. Cf. Jung, C.G. *Resposta a Jó*, OC 11/4, § 698-741.

44. Jung relata uma experiência própria, primeva, que teve com o lado obscuro de Deus em *Sonhos, Memórias e Reflexões; compilação e prefácio de Aniela Jaffé*. Rio de Janeiro: Nova Fronteira, 1996, p. 45-50, versão brasileira.

45. Cf. JUNG, C.G. *Bruder Klaus*, OC 11/6, § 474-487.

46. Cf. JUNG, C.G. *O Santo Hindu*, OC 11/5, § 957.

O processo, a decisão no caso de Cristo, essa separação da sombra, é um processo histórico que pertence àquela época. Pois naquela época ocorreu, em termos gerais, uma sofisticação da crítica moral. Começou-se a perceber que esse "você deve e você não deve" era demasiadamente primitivo e que há atitudes pecaminosas que são muito piores do que aquilo que podemos, porventura, alcançar com esses mandamentos dos bons costumes. Que, na realidade, a questão não é tocada, pois a questão se encontra na atitude moral e ética e não em mandamentos morais dessa espécie. Era a época na qual todo o mundo grego dos deuses, incluindo o romano e o egípcio, pereceu em função de sua escandalosa conduta de vida. Acreditava-se que eram deuses imorais e indecentes que se permitiam expor todo tipo de fraquezas humanas; consequentemente eles foram ridicularizados. Este processo durou alguns séculos. Trata-se de uma crítica moral dos deuses e foi isso que, de fato, os arruinou. Isso significa que os *fenômenos* que originalmente determinavam os nomes desses deuses permaneceram. Por exemplo: Encontramo-nos apenas aparentemente livres de Wotan. Wotan, o fenômeno de Wotan, existe – e de modo um tanto interessante. Na biografia de Nicolau de Flue, por exemplo, existem maravilhosas experiências no estilo de Wotan. Assim como no caso do cronista de Lucerna, [Renward] Cysat, quando escreve que Wotan anda pelo Monte Pilatus[47]. Lá não se fala em Wotan, e sim, em "Wuetis-Heer"[48]. Um dia ele mesmo subiu até lá e pernoitou no pastor queijeiro. Durante a noite ouviu uma música encantadora e muitas pessoas que andavam em torno da casa por ambos os lados, toda

---

47. Cf. igualmente JUNG, C.G. *Memórias, Sonhos e Reflexões*, p. 206.
48. Suíço-alemão: multidão de Wotan [N.T.].

uma procissão. No outro dia perguntou ao pastor o que havia sido aquilo. Então este lhe disse: "Foi a 'Wuetis-Heer'. São as 'säälig Lüüt'"[49]. Esse é o aspecto positivo da multidão furiosa, as "säälig Lüüt". *Quem* as vê pertence a elas e quem encontra a "Wuetis-Heer" é por ela levado e assimilado e raptado pelos ares e assim por diante. Este é um fenômeno de Wotan que ainda ocorria na época de Cysat. Eu ainda poderia relatar uma série de casos desse tipo, onde os senhores verão muito claramente como aquilo que originalmente era chamado de Wotan ainda existe. Especialmente no caso de pessoas de origem alemânica ou alemã, o fenômeno se encontra excepcionalmente nítido. De nada adianta dizer que tudo isso não passa de sandice, superstição ou algo nesse sentido – o fenômeno psicológico encontra-se mesmo assim presente. É algo que está longe de ser terminado. Continua existindo de uma ou outra forma.

O mesmo ocorre em relação às afirmações da mitologia cristã. É uma designação diferente de fenômenos semelhantes. E por isso, o problema dessa separação da sombra é um problema histórico. É um problema psicológico. Pois naquele momento em que a moral se torna mais sofisticada, em que o problema moral é de certo modo afastado do nível da medida policial e transplantado para o coração humano, a partir daquele momento trata-se de um problema psicológico, algo que, originalmente, não era de modo algum. Naquela época era uma questão de regulamentos. Por isso havia a confissão negativa egípcia dos pecados, a confissão que a alma faz dos pecados. Quando esta se encontra diante do juízo final, lá onde é avaliado o coração, ela faz uma confissão negativa dos pecados: "*Não* roubei o bem dos órfãos. *Não* enganei a

---

49. Suíço-alemão: pessoas falecidas/bem-aventuradas [N.T.].

viúva" e assim por diante. Mas *o que* a pessoa fez, ela não diz. Diz apenas que, de modo algum, infringiu as regras policiais do universo. Neste país, aqui, nada de infamante saber-se-ia se sobre ela. Em um passaporte, num requerimento de passaporte ou em um atestado de antecedentes criminais não é dito que somos uma pessoa decente, e sim, que não consta que a pessoa em questão teria, por exemplo, degolado alguém. Esta é a certidão negativa de nossas repartições públicas quando se referem a outros e não a si próprios.

Por volta da época de Cristo, a confissão negativa dos pecados do Egito antigo tornou-se uma consciência do tipo: "Eu o *fiz*!" Descobriu-se que esta era uma questão de atitude moral e não apenas uma falha diante das regras policiais, e sim, que se tratava de um assunto da alma humana. A história no Novo Testamento a respeito da separação de Satanás confirma a existência desse boato, assim como outras questões simbólicas presentes no Novo Testamento, por exemplo a relação com Javé e assim por diante, não precisamos entrar mais nessas questões. De certo modo é simplesmente uma ilustração de um problema da época.

Atualmente encontramo-nos sob a influência do desenvolvimento medieval do cristianismo. Agora estamos acostumados a pensar desse modo cristão. Isto é, no estilo do "summum bonum" e "Deus é apenas o bem", "Deus não é paradoxal, todo mal é da ordem da sombra e nem possui de fato uma substância". É apenas uma "ausência do bem"[50]. Não refletimos a respeito, pois caso o fizéssemos deveríamos saber: Se o mal não existe, se o mal não é, então o bem também não existe. Para

---

50. Vide o posicionamento de Jung em relação à doutrina da "privatio boni", por ex. em OC 11/6, § 456-459.

quê? Não há branco quando não há preto e não há preto quando não há branco. Mas sobre isso ninguém pensa. É admirável em quantas coisas se acredita; assim que começamos a refletir um pouco, fazemos as mais incríveis descobertas.

Um dia cometi a imprudência de dizer que no catolicismo Cristo e Maria nem são humanos, e sim, deuses. Então um jesuíta me procurou, era professor da faculdade teológica de Munique, um homem muito inteligente. Disse-me: "Li o seu 'Jó'". Então eu disse: "É mesmo? Nossa! Estou surpreso". – "Eu o li. Naturalmente pode-se dizer toda espécie de coisas sobre." – "De fato", respondi a ele. – "Mas há *uma coisa* que preciso lhe perguntar: Como o senhor pode afirmar que Cristo e Maria não foram humanos?" Então eu lhe disse: "Mas isso é simples, é evidente. O senhor admite que todos nós nascemos com o pecado original. Somos humanos. Cristo e Maria não nasceram com o pecado original. Assim, obviamente, não são animais, então são deuses – ou o que mais? – ou anjos ou algo nesse sentido. Simplesmente não são humanos". Ele não conseguiu falar mais nada, pois jamais havia refletido sobre. Sobre isso jamais havia refletido.

Ou, por exemplo, um outro teólogo, dessa vez foi um protestante. Pois os teólogos protestantes afirmam que de certo modo eu desvalorizo as ideias religiosas na medida em que as "psicologizo", na medida em que digo que se trata de psicologia. Para essas pessoas isso é uma desvalorização, pois para elas a alma não é um valor. Para mim ela representa um valor. Para aquelas pessoas a alma não significa um valor. Por isso a desvalorização. Quando digo "Deus", isso nada mais seria do que um psicologismo. Digo: "Deus é a nossa representação". Se alguém puder provar-me que Ele é qualquer coisa diferente disso serei muito grato, pois é justamente algo impossível de se provar. Mas quando digo: "Deus é a minha representação", então isso não significa que Deus não existe! No lugar disso apenas digo: Aquilo que posso compreender é a minha representação. É algo que sei a seu respeito. Além disso nada sei! Sei apenas que esta é a minha representação. Tudo que posso saber a respeito de Deus é a minha representação. Tudo que posso saber a respeito do mundo é a minha representação. Pois não posso afirmar nada além disso. Claro, posso *crer* todo tipo de coisas, mas *eu* não consigo crer, apenas posso saber![51] Pois quando não sei de algo, então sinceramente não o sei. E quando creio, eu não o sei. Mas por que razão devo crer em algo que não sei? Pois poderia muito bem ser falso. Assim é melhor não crer. E quando sei de algo não preciso crer, pois já o sei.

Aquele teólogo – eu o encontrei por acaso nas férias – me perguntou se eventualmente também discuto com teólogos. Respondi: "Claro, bastante, tanto com protestantes como com católicos". – "Ah, isso é muito interessante, mas sobre o que conversam?" Então eu disse: "Estou justamente trabalhando em um caso destes. Perguntei a diversos teólogos como o protestantismo moderno se relaciona com a questão do conceito de Deus no Antigo e Novo Testamento. De que modo o protestantismo se confronta com isso? Dois teólogos sequer me responderam. São pessoas de faculdades teológicas. Simplesmente não me responderam. Um me disse: "Esta é uma pergunta difícil – preciso primeiro refletir sobre". Em seguida chegou à conclusão de que nos últimos trinta anos nada mais havia sido escrito a respeito do conceito de Deus na literatura teológica, apenas sobre a Cristologia". E então ele [aquele teólogo] disse: "Mas isso é muito estranho. Essa pergunta pode ser fa-

---

51. Cf. *C.G. Jung im Gespräch* [Jung face a face]. Zurique, 1986, p. 286.

cilmente respondida!" Então falei: "Será que o senhor teria a bondade de me responder essa questão?" – "Com prazer! No Antigo Testamento o conceito de Deus é um assunto um pouco arcaico, enquanto que no Novo Testamento este conceito simplesmente se encontra mais diferenciado". Então eu lhe disse: "Veja, meu caro, agora o *senhor* está praticando o psicologismo do qual me acusa. Pois agora Deus nada mais é do que um conceito – faça-me o favor". Mas depois, quando sobe no púlpito, segue o tempo todo a linha do "Deus meu". Quando o pregador fala de Deus, Ele precisa estar presente. Mas quando *eu* falo a respeito, trata-se de psicologismo. Então ele naturalmente ficou boquiaberto. Ele também jamais havia refletido a respeito. Pela primeira vez teve a consciência de que *ele* próprio praticava esse psicologismo. Por isso é tão difícil falar sobre coisas desse tipo. Elas possuem uma base arquetípica, essas coisas são "plus forts que vous" [mais fortes do que a gente]. Esses contextos são *tão* óbvios que nem percebemos a sua existência. Arquétipos são o que há de mais óbvio, por isso nem se percebe a sua presença. Pois não se percebe o que é óbvio.

Nos tempos atuais, esse problema simplesmente adquiriu vida. E claramente em função daquilo que sucedeu em termos históricos. Existem poucos séculos nos quais ocorreu tanta sujeira terrível como no nosso. É simplesmente aterrador! E isso fez eclodir a questão do mal. Simplesmente não podemos mais afirmar que seria um "μὴ ὄν", um não existente[52]. A concepção de que o mal seria apenas uma sombra é otimista. O mal é uma realidade. Ou então o bem também não o é! Mas não po-

---

52. Cf., p. ex., JUNG, C.G. *Mysterium Coniunctionis,* OC, 14/1, § 83; ou *Aion,* OC, 9/2, especialmente o cap. V.

demos afirmar que apenas o bem é e o mal não. Ele é! Qualquer confessor sabe que, quando alguém confessou os seus pecados e deles se arrepende e em seguida parte aliviado, ele dobra na próxima esquina e peca novamente. Ninguém consegue viver sem pecado! Podemos pecar a cada respiração. Há pessoas que acreditam inspirar sempre respeito e praticar somente o bem... Mas, se investigarmos o que se encontra justamente por trás daquelas superfícies especialmente boas – Deus nos guarde! Existem atitudes pecaminosas e nesse sentido, sabe Deus, não sou otimista. Bem, é fato que não há uma única pessoa que não peque ou que um dia poderá ter a esperança de sair do pecado. Para isso precisaria estar morta. Quando não é mais capaz [de pecar] então tudo acaba. Mas não antes. É simplesmente um fato. Ninguém poderá me convencer de que seja diferente.

Se olharem para os santos: Por Deus, quem haverá de carregar o peso? Quem, por exemplo, teve que cuidar da mulher de Nicolau de Flue quando este deixou sei lá quantos filhos e a sua mulher para viver a vida de eremita? De fato, *lá* ele foi um santo! E a sua esposa e filhos ficaram para ordenhar as vacas ou algo nesse sentido. Mas ele abandonou o barco. Assim como Tolstoi, que em idade avançada quis rapidamente ainda tornar-se um santo e deu a sua fortuna para a sua mulher. Mas mesmo assim enchia a barriga com esse dinheiro. – São esse tipo de brincadeiras.

Um dia vi um verdadeiro santo. Infelizmente não posso lhes dar maiores detalhes biográficos. Durante três dias conversei com ele, afundando-me cada dia mais em minha pecaminosidade e imperfeição. Na noite do terceiro dia não restava mais muito de mim. Na outra manhã a mulher dele me procurou. Bem, aí conheci outra versão de toda essa maravilha! Desenterrei-me novamente e estava perfeitamente recomposto. Para mim bastava. Percebi: "Essa então é a assim chamada santidade!"[53]

Naturalmente existem igualmente santos muito decentes, posso admiti-lo sem mais nem menos. Mas estes vivenciam tempos infinitos de escuridão e de distância de Deus. Leiam, por exemplo, "A noite escura da alma" de São João da Cruz[54]. Ou, por exemplo, a altamente original Teresa de Ávila. Através de algumas anedotas pode-se reconhecer muito bem o que de fato ela pensa. Um dia ela estava viajando. Uma das rodas do veículo quebrou e a carruagem tombou. Precisou sair de quatro e depois disse com o olhar voltado para o céu: "Agora compreendo por que Tu tens tão poucos amigos".

É óbvio que atualmente somos novamente confrontados com essa questão histórica que durante dois mil anos dormitava, isto é: O que há com esse lado obscuro? – Se fôssemos menos conscientes, isso seria bem fácil, íamos levando. Não seríamos tão limpos, tão bons, tão morais. Simplesmente não veríamos nada e de alguma forma a coisa submergiria novamente. Estávamos meio mal-humorados e daí esfaqueamos o outro. Pode acontecer com qualquer um. – Algo desse tipo [poder-se-ia argumentar]. Deixaríamos passar, fecharíamos os olhos, é assim que funciona. Mas, se desejarmos confrontar-nos fundamentalmente com a questão, então surge a grande dificuldade. E assim surge a pergunta: O que a teologia diz sobre? O que um médico fala sobre isso parece ser irrelevante de qualquer forma. Pois, como se sabe, o médico tem um

---

53. Cf. JUNG, C.G. *O Eu e o Inconsciente*, OC 7/2, § 306.

54. Cf. JUNG, C.G. *A Psicologia da transferência*, OC 16/2, § 479.

valor um tanto duvidoso. Pode dar conselhos um tanto imorais e, em certas circunstâncias, pode fechar os olhos. Pois os médicos não têm uma consciência moral nesse sentido. Mas o teólogo agora precisa dizer a que veio. O que ele diz a respeito disso? Como lidar com todas essas perguntas? Pois não dá mais para apagar que o ser humano de fato [não] é apenas bom. "Tout est parfait sortant des mains de l'Auteur des choses, tout dégénère dains les mains de l'homme"[55] [Tudo é perfeito quando sai das mãos do autor das coisas, tudo degenera nas mãos do homem], é o início do livro *Emile* de Rousseau. O fato de sabermos que o mal é real, tão real quanto o bem – é *isso* que encarrega a teologia de um problema muito difícil. É uma revisão do ponto de vista teológico vigente. Também não posso ajudar, sinto muito, mas assim é. Gostaria de poupá-los, mas é um problema enormemente difícil, isto é: Como lidar com o lado da sombra?

Pois é um problema que possui diversos aspectos: Gostamos de aparentar ou imaginar que somos capazes de lidar com a sombra ou que o problema consiste em como *nós* lidamos com a sombra. Porém não imaginamos como a sombra lida *conosco*. Foi numa discussão em inglês com teólogos que um velho sacerdote, uma pessoa muito original, disse que estranhava por que se discutia de *tal* forma sobre este problema: "He entertains evil thoughts. – I always found that they entertain *me*!" [Ele cultiva maus pensamentos – Sempre achei que eles *me* cultivam]. Ele acertou na mosca. Estamos com as mãos atadas. Pois a sombra é um arquétipo e ela age tomando-nos, apoderando-se de nós. Ninguém é tão burro assim a ponto de

---

55. Texto original: "Tout est bien sortant des mains de l'Auteur des choses, tout dégénère entre les mains de l'homme".

cometer de propósito um evidente pecado, pois as desvantagens são tão grandes de modo que nós mesmos o evitamos. Ou nos chocamos com o código penal – e isto não é nada agradável – ou então nos chocamos com a esposa ou o marido ou com os nossos colegas de repartição ou com o público em geral. E isso é muito desagradável. Não nos permitimos tais coisas, isso não se faz. O que podemos evitar, evitamos de qualquer maneira. Mas diacho! – a questão é que essas coisas se apoderam de nós. Não temos nenhuma saída, nem dá tempo. O pecado foi cometido antes de percebermos que estamos pecando. Simplesmente caímos na armadilha e para nossa desvantagem ainda precisamos lidar com o escárnio. Simplesmente nos encontramos em uma situação maldita. O apóstolo da moral naturalmente dirá: "Mas você deveria ter evitado isso". – "Naturalmente eu deveria tê-lo evitado se eu tivesse sido capaz. Mas aconteceu antes de eu perceber, diacho! C'était plus fort que moi [Era mais forte do que eu]". É essa a situação e obviamente isso muda totalmente o aspecto de toda a questão. Em casos assim não é possível decidir de antemão, tomar uma decisão ética se quero fazer uma coisa ou outra. Só em casos muito raros.

O que ocorre na realidade é que, na maior parte das vezes, algo desagradável nos acontece e em seguida nos arrependemos como se pudéssemos tê-lo evitado. É como uma pessoa que cai numa fenda glacial. A única coisa que pode dizer é: "Por que fui às montanhas?" Mas, por fim, faz parte de uma vida normal irmos às montanhas e podemos cair sim em algum lugar. Não é que assim desejamos ou que nos confrontamos com uma decisão ética que sugere que eventualmente podemos cair justamente *para* cometermos um pecado. Foi assim que pensavam os gnósticos. Acreditavam que *tinham* que cometer pecados – que eram invocados pelo arcanjo que os protegia enquanto cometiam esses pecados –, pois, caso contrário, não seriam redimidos desses pecados seguindo o princípio: "Você não pode ser redimido de um pecado que *não* cometeu"[56]. Portanto, tableau [cena clássica]! *Temos* que cometer pecados para que possamos ser redimidos. Pois os pecados que não cometemos permanecem eternamente sem redenção. Do que devemos ser redimidos se não cometemos pecados? Desse modo, eles [certos gnósticos] caíram na antinomia e na libertinagem e em orgias bem abjetas onde pecavam bastante.

Lutero sabia disso. Sabia, por exemplo, em que se baseava a melancolia e a depressão de seu amigo Melanchthon. Por isso disse a ele: "Melanchthon, você não peca o suficiente. Pecca, fortiter pecca! Peque, porém fortemente!" Este é Lutero. Percebia que suas depressões estavam associadas ao fato de que ele [Melanchthon] enquanto intelectual e estudioso – há uma marca tipicamente intelectual em suas imagens – pairava sempre um pouco acima de si próprio e, por isso, naturalmente adoeceu de uma depressão. De-pressão significa pressionar para baixo. Foi desse modo que ele foi pressionado para baixo. E para onde vamos quando somos pressionados para baixo? – Chegamos lá embaixo na sujeira, uma sujeira curativa. Então Lutero lhe disse: "Aceite-a! Humilis sis! Seja humilde!" Pertencemos à terra e a terra consiste em matéria ou sujeira, assim como o barro. Pois a sujeira nada mais é do que matéria, porém no lugar certo e assim vamos "à matéria escura", que *também* somos; e não o fazemos de propósito, e sim, somos

---

56. Cf. JUNG, C.G. *A Mulher na Europa*, OC 10/3, § 271; *Mysterium Coniunctionis*, OC 14/1, § 277.

conduzidos a ela. Por que razão se diz [no Pai-nosso: "Não nos deixeis cair em tentação..."]?[57] [58]

Quando a avó tentou ensinar o Pai-nosso à nossa filha, esta lhe disse – ela tinha sete anos –: "Não vou rezar isso". Então perguntei a ela: "Por que não?" – "Deus não nos conduz à tentação, isto é uma malvadeza." E ela insistiu nisso de modo consequente. Não fui eu que disse isso a ela. Mas considerem a onipotência, a onisciência, essa grandeza divina que se dispõe a conduzir essas pulguinhas aqui na terra à tentação. Que ideia! É como se um pai ou uma mãe, que têm autoridade absoluta sobre os filhos, quisessem conduzi-los à tentação de fazer algo errado e em seguida os punissem. – Uma ideia terrível! Mas ela *existe* e isso significa que esse Deus possui um lado escuro e, inclusive, é essa a sua *intenção*! Por isso, igualmente Cristo diz: "Não nos conduzais à tentação", pois nesse sentido existe justamente uma intenção divina. Em seu sermão sobre "o pecado e o seu arrependimento", Mestre Eckhart diz que "aqueles que Deus posteriormente mais amou antes carregou com pecados. E os apóstolos, não foram todos eles pecadores mortais?"[59] – Também ele soube que corresponde à vontade de Deus o fato de o ser humano precisar atravessar a escuridão

---

57. Aqui houve uma troca de fitas. Faltam algumas palavras.

58. Original: "Não nos *conduzais à* tentação." Há aqui uma sutil diferença. Em alemão existe a possibilidade de uma interpretação no sentido de um deus que pode ativamente conduzir-nos à tentação ao invés de apenas impedir que nela caiamos [N.T.].

59. MESTRE ECKHART. *Deutsche Predigten und Traktate* [Sermões e tratados alemães]. Munique, 1963. O tratado 12 diz: "Por isso, Deus tolera com gosto o mal dos pecados e já o tolerou diversas vezes e muitas vezes permitiu que acometesse *as* pessoas que escolheu criar segundo a sua vontade para grandes coisas. Veja: Quem Deus amou mais, quem lhe era mais familiar do que os apóstolos? Nenhum deles foi poupado de cair em pecado mortal; todos eles foram pecadores mortais".

e que não há salvação sem que o tributo seja pago. Esta é uma dura lição. Não fui eu que fiz isso. Simplesmente é assim. Não fui eu que incluí este pedido "Não nos conduzais à tentação!" no Pai-nosso. Também não fui inspirado por Mestre Eckhart, e sim, sou apenas um médico que percebeu o problema moral de seus pacientes. Tive que dizer a muitos: "Isso é difícil, situação maldita essa na qual você se enfiou. Você caiu num buraco, mas de que modo poderia sair de um buraco se não estivesse estado dentro dele? Como você conseguiria erguer-se para qualquer coisa se não estivesse estado lá embaixo? De que forma você viveu se caminhava sobre as nuvens?"

Eu sempre dizia aos americanos: "Mary had a little lamb. It was as white as snow. But once she took it down to Pittsburgh. And now, look at the damned thing!" Não sei se os senhores entendem essa gíria americana.

Ignaz Tauber: Nem todos.

C.G. Jung: É um famoso verso infantil: "Mary had a little Lamb..." Maria tinha um pequeno cordeiro. Era branco como a neve. Mas um dia ela o levou a Pittsburgh. Pois Pittsburgh é preta de tanta fuligem. "And now, look at the damned thing!", e agora veja que trapalhada! Pois é assim que acontece, são justamente as pessoas éticas que acabam se metendo em situações assim onde precisam sair de um buraco. Mas não conseguiriam sair se não tivessem estado dentro dele.

Por isso, no fundo não posso discutir essa questão enquanto problema moral, e sim, mais como um problema psicológico. Quem não esteve lá embaixo não consegue subir. Quem não esteve lá embaixo, não esteve na terra. E o que é de fato o sentido de nossa existência? Devemos ser todos tigres, tigres amáveis que só se alimentam de maçãs? Tigres vegetarianos – isso é simplesmente uma anormalidade, algo doentio. E assim é o homem que não vive na terra e a ela não paga o seu tributo. Não é algo que fazemos voluntariamente. Ninguém paga voluntariamente impostos. Ao contrário, é uma exigência sangrenta que – poder-se-ia dizer: Graças a Deus – não é possível contornar. Mas aquele que é vítima disso, não dirá algo assim. Simplesmente estamos expostos e precisamos justamente reconhecer o fato de estarmos expostos. Pericolosamente vivere [viver é perigoso] – a vida é um risco! E caso não seja, então nada aconteceu. Por isso podemos dizer juntamente com Voltaire no leito de morte quando o Abbé [abade], o confessor, lhe perguntou: "Regrettez-vous tous vos péchés, Monsieur (de) Voltaire?" [O senhor se arrepende de todos os seus pecados, senhor de Voltaire?] – "Mais oui, mon père, et surtout ceux que je n'ai pas commis." [Sim, meu pai, e sobretudo daqueles que jamais cometi]. Isso é verdade, enormemente verdade! Esse é o problema.

Espero ter respondido à sua pergunta assustada nesse sentido. É uma questão de fracassos humanos. E isso é uma forma de guerra. Eu não criei o mundo tal como ele é, não mesmo. Os senhores deveriam apresentar de alguma forma o seu protesto contra a natureza do mundo ao céu. Mas o que seria se todos nós fôssemos bons? O que seria? Seria absolutamente nada! Então não se necessitaria de religiões, de igrejas, de nada. Então nada aconteceria. Não haveria mais diferenças. Não existiria mais um declive. Não haveria mais um objetivo, pois o objetivo já teria sido alcançado há muito tempo. Nasceríamos com harpas em nossas mãos e durante toda a nossa vida cantaríamos louvor e nada mais. Mortalmente fácil! Também não há energia sem declive. Declive significa opostos! Quem não abriga os opostos dentro de si não está vivo, ao invés disso, é um neurótico morto que apenas geme, mas não vive.

É mais ou menos como a questão de estarmos expostos a doenças. Pode nos acontecer de uma perna nossa apodrecer, por que não? É algo muito triste, mas a que instância nos podemos dirigir nesse caso? É um fato, uma fatalidade. Quando um homem abandona a sua mulher ou uma mulher engana em segredo o seu marido – claro isso é uma fatalidade, mas precisamos contar com isso. Vejam como os primitivos vivem, é muito interessante. Fazem tudo com muito tato. O que é essencial não é *o que* se faz, mas *como* a gente o faz.

Pode-se fazer algo questionável de tal forma que se torne moral. Por exemplo: Desejo enganá-lo agora, vou lhe roubar 500 francos. Depois lhe darei 600. Você só não deve interligar os dois fatos! – É assim que acontece na realidade, não é? Não há receitas. Nesse sentido nos afastamos completamente das normas policiais. Não existe esse "Você não deve" ou "Você deve". Pois nenhuma dessas normas se adéqua à situação individual. A situação individual é *sempre* diferente! E há apenas a decisão individual e é *onde* se define se alguém age de forma moral ou se não age de forma moral. Em todos os casos complicados ele precisa resolver isso consigo mesmo e não com o juiz policial. Não há uma ética universal e coletiva que está à altura da casuística. Em cada caso precisamos investigar *quem faz o quê*. Esse "o que" da assim chamada ação ética de modo algum pode ser definido claramente em todos os casos. Mesmo que haja um nome para uma determinada situação, num caso isolado ela pode diferir "toto coelo"[inteiramente] de outro caso que tem o mesmo nome. Muitas vezes é uma decisão trágica. Frequentemente trata-se de um segredo individual. Necessitamos, porém, de um segredo. Sabe-se que pessoas que não têm um segredo – pois são ignorantes demais para descobrirem algo que seja secreto – precisam inventar segredos. Precisam, por exemplo, fundar sociedades secretas. Precisam inventar algum tipo de iniciações que sejam "secretas". Tomem qualquer tipo de sociedade secreta; quando então examinarem os mistérios dessa sociedade secreta verão que não há nada que teria que ser mantido em segredo. Não há nada secreto, em algum lugar já foi revelado há muito tempo e nem compensa mantê-lo em segredo. Tomem, por exemplo, uma das atuais sociedades Rosa Cruz, elas têm segredos tão fabulosos! Mas caso os examinem – Jesus![60] – logo começarão a rir. Pois não são segredos. Não são nada. Apenas dizem que são coisas altamente secretas que precisam ser ocultadas. Por que razão? Para que, por Deus, possuam um segredo, isto é, para preservarem a sua singularidade[61].

Por isso, a própria natureza força muitas pessoas para situações sobre as quais não conseguem falar em absoluto, pois seria demasiadamente embaraçoso para elas, e então se sentem bem melhor. Por quê? Possuem um segredo. Estão voltadas para si mesmas. Não se encontram maculadas por todas as outras pessoas, nem misturadas com outras psicologias; pelo contrário, carregam a sua própria psicologia. Conhecem a si próprias, experimentaram a si próprias – e é *disso* que se trata! Não sei se isso é compreensível. Caso não esteja me fazendo entender completamente, isso não ocorre por eu ser necessariamente incapaz de me expressar de modo suficientemente claro ou drástico, mas por o *problema* ser tão difícil. É um problema novo. Precisamos deslocar algo aqui: Devemos pensar, quando acontece algo com alguém, algo que para nós mesmos é repugnante, que este outro é *digno de ser lamentado*, que algo aconteceu com ele e não que ele é um mau sujeito ou que desejava isso e assim por diante. Isso é uma sandice. Ao invés disso, a natureza tomou posse dele! E alguma coisa

---

60. No original: *Herrje!* Exclamação que condensa a expressão *Herr Jesu*, onde *Herr* significa Senhor e *Jesu* significa Jesus [N.T.].

61. Cf. igualmente JUNG, C.G. *Mysterium coniunctionis*, OC 14/1, § 306, e JUNG, C.G. *Sonhos, Memórias e Reflexões*, p. 32, 33 e 49.

fez com ele. Na grande maioria as pessoas são pobres diabos, são simplesmente vítimas de uma natureza inclemente ou de um deus inclemente. Por que se diz que Ele é o justo? Ou o mais digno de amor? Tudo isso são apenas apotropismos, são tentativas, "appeasements" [apaziguamentos], desejamos torná-lo favorável a nós, é um eufemismo. Algo altamente perigoso recebe um bom nome. O mar Negro, temido por suas tempestades, por exemplo, é chamado de "Pontos Euxeinos", "o hospitaleiro", o "mar hospitaleiro". E na verdade ele é terrivelmente inóspito, é *esta* a verdade[62]. Quando se desperta qualquer dúvida – e essa dúvida atualmente *está* desperta – então somos perigosos, então precisamos de algum modo ser calados, pois é algo que não deve ser dito, seria terrível demais perdermos o ideal do "summum bonum".

Mas a nossa realidade é essa: Pensemos, por exemplo, na bomba de hidrogênio, pensemos no inimaginável pelo qual somos ameaçados através da superpopulação da terra! Por Deus, aí perdemos o otimismo. Então não somos mais capazes de nos expressar através da linguagem do costumeiro otimismo cristão. Este inclusive é encontrado em escala menor, pois todas as boas ações decisivas ocorrem somente quando estamos mortos. Assim surgem as condições paradisíacas que na terra claramente faltam. Agora vou [parar], [já] dei um exemplo.

Ignaz Tauber: Muito obrigado. Acho que faremos uma pequena pausa [...].

Sobre conhecimentos psicológicos

Ignaz Tauber: Com a palavra Hans Baumann.

---

62. Cf. JUNG, C.G. *Considerações Gerais sobre a Teoria dos Complexos* OC 8/2, § 206, 207.

Hans Baumann: Escrevi uma carta ao senhor professor Jung a respeito de uma pergunta que já me ocupa há muito tempo. Foi bastante difícil formular essa pergunta de modo exato nessa carta. Refleti outra vez a respeito e cheguei à seguinte questão: Em relação aos conhecimentos da ciência da natureza obviamente possuímos somente os nossos órgãos dos sentidos humanos à nossa disposição e dessa forma todos os nossos conhecimentos são compreensões humanas. Porém, o objeto que conhecemos é uma realidade extra-humana. Por outro lado, sempre quando nos ocupamos com questões psicológicas trata-se de uma introspecção. Assim sendo, somos simultaneamente sujeito e objeto em nossas investigações. E de certo modo isso torna questionável para mim todos os conhecimentos psicológicos em relação ao numinoso.

C.G. Jung: De fato, essa é uma problemática um pouco complicada a respeito da teoria do conhecimento. Primeiro precisamos nos entender em relação a certos pontos.

Tomemos, por exemplo, as ciências da natureza. Nas ciências da natureza os senhores lidam com um objeto por assim dizer real, que não está de forma alguma conectado à sua psique. Existe por si só. O que estou dizendo é que os senhores podem morrer e o objeto continua. Em relação ao psíquico trata-se aparentemente de uma questão totalmente subjetiva, pois este funciona apenas enquanto os senhores funcionarem psiquicamente. Aparentemente. Se, entretanto, analisarmos essa questão com mais rigor, há – no caso das ciências da natureza – conhecimentos atrelados a um objeto externo dificilmente cognoscível. Isto significa que são condicionados pelo objeto. O quanto essas constatações são difíceis indica, por exemplo, a física nuclear moderna. É extremamente difícil criarmos uma imagem a respeito do que acontece na natureza. Chegamos num ponto, conforme o senhor enfatizou corretamente em sua carta, onde o experimento ou a observação atrapalha este processo quase no sentido de uma impossibilidade de conhecimento, de modo que podemos observá-lo apenas parcialmente na medida em que sacrificamos uma parte – quando desejamos ver uma parte precisamos sacrificar outra – ou, então, questionamos como um todo a confiabilidade da observação através do princípio da incerteza[63]. Desse modo não é nada fácil conhecer o "objeto em si". Estamos sempre a caminho de. Consequentemente, todo conhecimento é de alguma forma antropomórfico.

Tomem, por exemplo, o modelo atômico de Niels Bohr, o modelo dos planetas. É um modelo antropomórfico. Se comparamos por assim dizer os elétrons com planetas que giram em torno de um núcleo, então isso nem se aplica. Pois um elétron tende mais a ser uma nuvem com carga e não pode ser representado por um planetinha. São esses os antropomorfismos que acontecem também na ciência da natureza. Na psicologia se trata igualmente da percepção de certos processos dificilmente cognoscíveis, que na verdade encontram-se por trás de nossas observações psicológicas ou na base dessas. Os senhores podem ver isso, por exemplo, através de nossos sonhos. Nem é certo que estes são da forma como os recordamos, provavelmente são bastante diferentes, porém incognoscíveis. Somente quando despertamos cobrimo-los com representações. Enquanto processos no inconsciente são incognoscíveis. Os processos no inconsciente são simplesmente incognoscíveis, tão incognoscíveis como os processos no átomo. Devido a isso a formação de conceitos na psicologia moderna do inconsciente apresenta curiosos paralelos com a terminologia da física nuclear. Isso simplesmente tem a ver

---

63. O princípio da incerteza de Heisenberg.

com o fato de ambos tocarem no incognoscível. Então a nossa representação da psicologia é aquilo que sabemos a respeito desses processos internos. Isso é psicologia.

Recentemente um professor disse aos seus estudantes na universidade que na verdade não necessitamos da psicologia, pois esta seria aquilo que sabemos a nosso respeito, que cada um sabe a seu respeito. É exatamente como se um professor da faculdade de medicina dissesse: "Não precisamos da anatomia, pois ela é o que temos, é o que somos. E fisiologia – não precisamos dela. Podemos digerir sem sabermos algo sobre fisiologia. Não necessitamos de um livro didático para a digestão. É o que somos, é o que fazemos, é o que fazemos todos os dias". Isso revela que nesse sentido existe um preconceito generalizado de que a psique seja aquilo que sabemos a nosso respeito. Mas a psique é justamente o que não sabemos a nosso respeito. O que sabemos a nosso respeito é a consciência e os seus conteúdos. Essa consciência, entretanto, é consideravelmente perturbada por processos objetivos que, em sua natureza, são inconscientes e desconhecidos; ela se encontra em oposição a eles. Podemos, entretanto, experimentá-los de forma indireta através dos efeitos que exercem sobre a consciência da qual podemos depreender certas imagens para ilustrá-los.

[De modo análogo] criamos um modelo atômico a partir de certas peculiaridades que o átomo apresenta e que nos recordam determinados conteúdos conscientes. Um *modelo*, certo? E assim criamos igualmente, a partir daquilo que a consciência nos possibilita, modelos dos processos inconscientes. Mas *estes* são os processos em si. Pois, caso não existissem, a nossa consciência nem poderia funcionar. Não seríamos capazes de pronunciar a próxima frase caso não houvesse a cooperação do inconsciente. Pois estes são os processos básicos. São processos relacionados aos instintos, que apresentam formas instintivas designadas de arquétipos. Os arquétipos em si não são passíveis de formulação, não os conhecemos, não são representáveis, e sim, existem enquanto fatores atuantes, mais ou menos assim como a rede cristalina da água-mãe. Há um sistema axial, um sistema axial invisível – em uma água-mãe completamente amorfa – que num determinado momento da saturação, isto é, quando o grau de saturação for alcançado, começa a agir à medida que íons são levados, através do sistema axial ideal não existente, a assumirem determinadas posições axiais. Estes então fazem as moléculas se acomodarem ao longo desses eixos, nomeadamente, nos pontos de interseção dos eixos. E assim se forma o cristal[64]. É exatamente assim que as coisas funcionam na psique inconsciente. Possuímos um sistema axial, isto é, um sistema arquetípico que constitui a base de todas as formas conscientes, quer dizer, das formas principais. Pois nossa consciência também é condicionada pelo meio externo, pelo mundo não psíquico, o mundo material, o "mundo dos corpos em movimento", o que é a definição de realidade. Por outro lado, porém, existe um sistema axial potencial que representa a psique objetiva. Os senhores podem, sem objeção, comparar isso a um cristal. Podem dizer que é a psique de um cristal. O cristal tem uma psique axial. Em nosso caso também é assim. Também temos uma base matemática, aritmética do ser humano, do ser humano psíquico. Os senhores podem observá-lo em relação aos mandalas – lá há uma estrutura definitiva ou matemática, um sistema axial que age infalivelmente de um modo estranhíssimo, que realiza coisas que nos parecem um tanto milagrosas. Mas é uma estrutura matemática, como por exemplo a assim chamada estrutura "3+1" do mandala usual. Tomemos um dos mais conhecidos:

---

64. Cf. JUNG, C.G. *Os Aspectos psicológicos do arquétipo materno*, OC 9/I, § 155.

o símbolo da trindade +1 igual ao diabo. Esta é uma quaternidade. É um sistema axial e simplesmente uma exteriorização, uma projeção do sistema axial psíquico. Consequentemente temos na psique os assim chamados processos conscientes subjetivos – estes são assumidamente subjetivos – e as bases psíquicas objetivamente existentes que, estranhamente, não são pessoais, e sim, gerais. Estas são sempre as mesmas no caso do índio, do chinês ou do negro ou seja lá onde for, apesar de nossa consciência ser "toto coelo" [inteiramente] diferente. É este então o inconsciente coletivo que é impessoal, tão impessoal como, por exemplo, o fígado humano. O fígado humano é mais ou menos o mesmo em um chinês ou em um indiano, em um negro ou em um esquimó. Do mesmo modo, o coração e as quatro funções básicas vitais são mais ou menos os mesmos. E não são pessoais. Não é prerrogativa pessoal nossa o fato de termos um coração, nem mérito pessoal nosso o fato de termos um estômago. Esta não é uma questão pessoal, e sim, objetiva. O fato de termos uma psique é uma questão objetiva. Isso não se deve a um esforço nosso. Também não é uma decisão voluntária de nossos pais. Pelo contrário, quando nascemos, nascemos com uma psique, isto é, com *esta* psique que existe em qualquer lugar, que mesmo os macacos ainda têm e os cachorros e assim por diante – uma psique animal, uma psique natural antropoide "to begin with" [para começarmos]. Trata-se de uma psique antropoide. E esta é objetiva, um sistema de cristais objetivo. O cloreto de sódio, por exemplo, *tem* uma estrutura cúbica. A água tem uma estrutura hexagonal. Simplesmente a tem, ela é [determinada] desse modo. Caso não a tenha, então não é água. Não é possível encontrarmos água que cristaliza num outro sistema, ou então um cloreto de sódio. É impossível ser diferente. E, sendo assim, uma psique que é objetiva, que não buscamos, que está presente antes de sabermos a seu respeito, faz parte do ser vivo.

Por isso, por exemplo, existem sonhos de crianças que são sonhados num momento onde ainda não há uma consciência contínua, onde a consciência ainda consiste em ilhas que somente mais tarde se unem na forma de continentes. Crianças podem ter sonhos que já antecipam toda uma vida. Isso já está previsto, encontra-se presente no plano básico. Em um plano básico desse tipo, num sonho assim, pode aparecer, por exemplo, uma psicose e mais tarde a criança desenvolve uma esquizofrenia. Ou algum tipo de grandes catástrofes [aparece no sonho] – e elas acontecem. Ou ideias que mais tarde determinam a vida dessa criança [já se manifestam] nos mais primevos sonhos de crianças. E elas são sonhadas numa época em que a consciência nem é contínua ainda. Esta é a psique objetiva[65].

Talvez os senhores passaram igualmente pela experiência de um astrólogo hábil poder contar-lhes tranquilamente toda a sua vida a partir do horóscopo. E ele acerta. Isso não seria possível caso tudo não estivesse esboçado antes e relacionado de modo sincrônico[66] com a posição dos astros. Isso é muito simples. Após ter visto algo assim algumas vezes, estamos convictos. Por isso, pergunto sem medo e pudor aos meus pacientes: "Trouxe o seu horóscopo?" E então dizem enrubescendo: "Por acaso sim". Às vezes acham que sou um idiota preconceituoso que naturalmente considera isso uma sandice inacreditável. – Pelo contrário, isso clareia alguns pontos para mim. É de fato admirável. E às vezes muito desconfortável. Um dia tive um assistente, mais tarde ele se suicidou. Anos antes [...] Existe esse tipo de sistema astrológico. Na época eu mesmo calculei o horóscopo, pois desejava saber se fazia sentido. Vi que ele tinha um símbolo – há símbolos para cada grau

---

65. Cf. JUNG, C.G. *Seminários sobre Sonhos de Crianças,* passim.

66. Cf. JUNG, C.G. *Sincronicidade: Um princípio de conexões acausais,* OC 8/3.

do zodíaco, do ascendente, de seu nascimento – um cavalo que pasta inocentemente, mas um tigre o espreita. A explicação, que já era explícita e existia há muito tempo, era: "Alguém desaparecerá precocemente através do suicídio. Antes de seu tempo". E assim foi. Levei um tremendo choque quando descobri. Na época eu nem visualizava por que razão isso teria que acontecer. Mas então se deu desse modo. Coisas assim nos impressionam muito, mesmo quando, vez ou outra, não se revelam verdadeiras. Mas isso nos apresenta outros aspectos, é algo interessante.

Foi o que ocorreu comigo em 1911, quando comecei a me familiarizar com tais coisas, pois na época fazia estudos acerca da história dos símbolos. Reconheci, na época, a importância arrebatadora que a astrologia tinha na Antiguidade. Ela exercia uma influência enorme. Eu queria saber algo a respeito antes de julgar. Acabei me deparando com um livrinho de 1595 ou 1596 de um velho colega. Tratava-se de um professor universitário de medicina em Würzburg, um tal de senhor Goclenius, no final do século XVI[67]. Este escreveu um simpático compêndio, um tipo de vade-mécum para os médicos da época, para o diagnóstico, nomeadamente [através da] quiroscopia, as linhas da mão. Mas havia ainda outra coisa, o que mais havia? Justamente um tratado sobre a astrologia segundo o ponto de vista da medicina. Muito interessante! Lá encontramos os primeiros horóscopos individuais e questões um tanto engraçadas, por exemplo, a relação psicológica entre o assassino e o assassinado, o modo como isso se expressa em termos astrológicos. O que é interessante é o fato de serem familia-

---

67. C.G. Jung possuía este livro didático de medicina de Rodolphus Goclenius: *Uranoscopiae, chiroscopiae, metoposcopiae et ophthalmoscopiae contemplatio* (Frankfurt, 1608). Menciona-o em OC 18/2, § 1818, e em *Seminare Traumanalyse* [Seminários sobre a análise dos sonhos], p. 458.

res, ambos têm posições familiares. Resumidamente, foi onde li – conforme ele escreveu categoricamente: "Mars in medio coeli semper significat casum ab alto. – O marte no meio do céu sempre significa uma queda lá de cima". E mais ou menos duas semanas depois me deparo com o horóscopo que alguém fez do imperador alemão. Ele tinha o marte "in medio coeli"; isso significa que ele é um senhor bélico e não um imperador da paz como era chamado. Quem possui o marte no alto tem, segundo a tradição antiga, uma natureza bélica. E então [surgiu a pergunta]: Como – por Deus – o imperador pode cair? É algo inimaginável. Mas, vejam, três anos depois chegamos lá. Então eu disse: "Céus! Algum sentido isso faz". Em seguida me dediquei seriamente à questão e vi que se tratava da psicologia antiga. É a antiga psicologia que se fundamenta no objetivamente psíquico. Pois o objetivamente psíquico se comporta da seguinte maneira: Tenho um determinado modo de ser e uma determinada peculiaridade e esta consiste em fatores imponderáveis. É mais ou menos assim como dar a um bom conhecedor de vinhos um vinho especial cuja origem conhecemos e este conhecedor de vinhos pode nos dizer que o vinho é de tal e tal safra, que se trata de tal e tal local geográfico de seu cultivo, que deve tratar-se de tal e tal vinhedo. Isso é possível. E desse modo o ser humano também é marcado pelo momento de seu nascimento, pelo local, pelo país, pelo seu entorno, por todo o Kairós, pelo momento de sua época. E isso é expresso no horóscopo. Por isso certas tendências já podem ser constatadas no horóscopo, tendências que eventualmente serão bastante significativas no futuro.

A astrologia, pois, floresce em nossa época e não na Idade Média. Naquela época estava começando. Em nossa época a astrologia está no auge. Se, entretanto, consultarmos o dicionário, leremos: "Ainda no ano 1722 um tal conselheiro encomendou um horóscopo para os seus filhos". Velho asno! Quanta superstição! – E esses idiotas que escrevem algo assim não têm a menor noção de que uma verdadeira literatura astrológica só existe atualmente. Uma astrologia científica existe apenas hoje em dia. Jamais foram feitos tantos horóscopos como hoje em dia. Conheço um professor inglês de filosofia que ministrou um curso de introdução à astrologia – em uma universidade inglesa. Voilà, a situação é essa. Na Suíça somos um pouco matutos. É algo que precisa ser dito – um pouco matutos.

Bem, não quero fazer aqui uma apologia ao horóscopo. Mas o fato de algo assim ser possível e se sustentar só é assim porque existe uma psique objetiva. A psique não é uma arbitrariedade nem uma coincidência, e sim, uma disposição bem determinada e funcional que *a grosso modo* é idêntica em todos os lugares e em todas as pessoas, assim como as disposições fisiológicas e anatômicas. Assim como toda pessoa tem um músculo esternoclidomastoideo, tem também um determinado arquétipo. E assim como o corpo consiste em diversos órgãos, a psique também consiste em diversos arquétipos, em formas inatas. Não são representações inatas, e sim, formas da dinâmica psíquica. São formas de instinto. O instinto não é simplesmente uma dinâmica que faz alguma coisa indeterminada, e sim, o instinto é específico e desse modo tem uma forma específica.[...][68].

---

68. Neste momento, a gravação é interrompida. Anotações de alguns ouvintes nos fazem concluir que em seguida Jung passou a falar do *efeito* do arquétipo e respondeu à última parte da pergunta mais ou menos assim: O arquétipo numinoso é uma experiência que não é criada por nós, e sim, o arquétipo toma posse de nós. Saulo-Paulo, por exemplo, cai do cavalo, fica cego; ele não faz nada, não diz a si próprio: "Sou um cristão inconsciente". Mas a experiência numinosa somente nos acomete quando pagamos o tributo. Quando a noção de Deus não é empírica, ela não nos toca, então é apenas uma palavra vazia. Preciso saber onde a vontade de Deus me toca.

Conecte-se conosco:

f facebook.com/editoravozes

📷 @editoravozes

𝕏 @editora_vozes

▶ youtube.com/editoravozes

🟢 +55 24 2233-9033

www.vozes.com.br

Conheça nossas lojas:

www.livrariavozes.com.br

Belo Horizonte – Brasília – Campinas – Cuiabá – Curitiba
Fortaleza – Juiz de Fora – Petrópolis – Recife – São Paulo

  Vozes de Bolso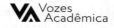

EDITORA VOZES LTDA.
Rua Frei Luís, 100 – Centro – Cep 25689-900 – Petrópolis, RJ
Tel.: (24) 2233-9000 – E-mail: vendas@vozes.com.br